Mester • Fußball leben im Ruhrgebiet

Für meine Eltern und Christiane

Klaus-Hendrik Mester

Fußball leben im Ruhrgebiet

Eine Zeitreise durch 13 Städte
voller Fußball-Leidenschaft

Arete Verlag Hildesheim

Bibliografische Informationen
Die Deutsche Bibliothek verzeichnet diese Publikation in der Deutschen Nationalbibliografie; detaillierte bibliografische Daten sind im Internet über http://dnb.ddb.de abrufbar.

2., durchgesehene und aktualisierte Auflage

www.arete-verlag.de

Layout/Satz/Umschlagsgestaltung: Composizione Katrin Rampp, Kempten
Titelfoto: Horst Müller Pressefotodienst
Druck und Verarbeitung: Pressel Druck, Remshalden
ISBN 978-3-942468-18-3

Vorwort

„Fußball-Hauptstadt Ruhrgebiet“ könnte als Zusatz auf allen Ortseingangsschildern im Revier aufgenommen werden. Spannende Zweitligapartien, DFB-Pokalsiege, Deutsche Meistertitel und tolle Europapokal-Abende halten die Anhänger in der Region in Atem.
Doch das ist eigentlich nur Statistik, die harten Fakten sozusagen. Das, was das Fußballleben im Ruhrgebiet wirklich ausmacht, sind in erster Linie die Menschen. Die Leidenschaft und Emotionen teilen hier an jedem Wochenende Tausende. Die Fans im Ruhrgebiet sind nicht nur Teil des Sports, sie leben Fußball.

Ich selbst bin in Fröndenberg am Rande des Ruhrgebiets aufgewachsen. Immer schon fußballverrückt, konnte ich die besondere Begeisterung für diesen Sport in der Region spüren.

Die einmalige, unverwechselbare Fußballstimmung, die im Revier stets geherrscht hat, möchte dieses Buch auffangen. Viele Zeitzeugen schilderten mir in offenen und interessanten Gesprächen, teils lustig, teils melancholisch und immer auf eine ehrliche und sympathische Art ihre ganz persönlichen Erlebnisse. Die für mich sehr bereichernden Unterhaltungen mündeten in den folgenden Geschichten über 19 verschiedene Fußballvereine. Sie alle geben ein Zeugnis ab für die einzigartige, Menschen verbindende Funktion des Fußballsports voller Lebensfreude in einem ebenso einzigartigen Landstrich – dem Ruhrgebiet.

Klaus-Hendrik Mester

Inhalt

Bochum

Hattest ’n Pulsschlag aus Stahl

Mit voller Wucht traf die Kohle- und Stahlkrise die Stadt. In den 1960er- und 70er-Jahren verloren etwa 50.000 Beschäftigte in Bergbau und Stahlindustrie ihre Arbeitsstelle. Am Ende der 1950er-Jahre noch galt Bochum als die zechenreichste deutsche Stadt.

In den vergangenen 40 Jahren hat sich die Wirtschaftsstruktur in der einstigen Zechen- und Stahlstadt komplett gewandelt. Die Politik versuchte der Wirtschaftskrise entgegenzusteuern. Dem Mangel an ausreichenden Bildungsangeboten begegneten die Politiker 1962 mit der Gründung der Ruhr-Universität. Ein Jahr später lief der erste Kadett im Zweigwerk der Adam Opel AG vom Band. Bis zu 20.000 Menschen fanden in den drei Bochumer Opel-Werken ihr Auskommen. In den Folgejahren siedelten sich neue Unternehmen in der Ruhrstadt an.

Zu dieser Zeit entwickelte sich das Schauspielhaus Bochum zu einer der renommiertesten Theaterbühnen in Deutschland. Weltberühmt in der Musical-Szene ist die Stadt seit 1988. Andrew Lloyd Webbers „Starlight-Express“ lockte seither über 13 Millionen Besucher in die Starlighthalle.

Einem Millionenpublikum ist der berühmteste Sohn der Stadt ebenfalls nicht unbekannt. In einer einzigartigen Hommage an seine Heimatstadt wurde Herbert Grönemeyer in den 1980er-Jahren zum Mega-Star. Wenn „Bochum“ bei jedem Heimspiel des VfL kurz vor dem Anpfiff eingespielt wird, und die blau-weißen Schals in der Ostkurve ausgebreitet werden, bahnt sich Gänsehaut-Atmosphäre auf den steilen Rängen des Ruhrstadions den

Weg durch die Reihen. In der Pause noch ’ne Currywurst und das Fan-Glück ist perfekt.

In den 1990er-Jahren glänzte Bochum nicht nur durch einen erfolgreichen Wirtschaftswandel, sondern hatte auch gleich zwei Fußball-Bundesligisten. Das „gallische Dorf“ Wattenscheid mitsamt der heimischen SG 09 forderte Woche für Woche die etablierten Clubs der Republik heraus; und das mit Erfolg. Die alteingesessenen Fans des Vereins erinnern sich noch wehmütig an Siege gegen die Bayern und den Lokalrivalen VfL. Heute trennen die beiden Bochumer Vereine zwei Ligen.

VfL Bochum

Hier, wo das Herz noch zählt – der VfL im Europapokal

„Der VfL im Europapokal, ich konnte es gar nicht fassen“, erinnert sich der Kabarettist und das heutige Aufsichtsratsmitglied des VfL Bochum Frank Goosen an den Herbst 1997. Doch es stimmte. Der VfL Bochum stand zum ersten Mal in der langen Vereinsgeschichte in einem europäischen Wettbewerb. Die Saison 1996/1997 schloss die Mannschaft von Trainer Klaus Toppmöller sensationell als Fünfter ab. Als „Belohnung“ für diese phantastische Leistung wartete am 16. September 1997 mit Trabzonspor ein harter Brocken auf die Elf um „Zaubermaus“ Dariusz Wosz. Nach dem Führungstreffer durch ein Elfmetertor von Henryk „Balu“ Baluszynski musste Torhüter Uwe Gospodarek zwar noch zweimal hinter sich greifen, das 1:2 ließ aber für das Rückspiel im Ruhrstadion alles offen.

Zwei Wochen später. Die Fans im Ruhrstadion fieberten dem ersten Europapokal-Auftritt der Vereinsgeschichte entgegen. Dass es ein denkwürdiges Spiel wurde, konnten die 24.500 Besucher im ausverkauften Ruhrstadion und die acht Millionen Fernsehzuschauer im ZDF noch nicht ahnen. Im Jahr 2010 sollten die VfL-Fans die Begegnung per Internet-Umfrage als das Jahrhundertspiel wählen. Zu Recht, denn die Fußballfans erlebten an diesem Dienstagabend eine emotionale Berg- und Talfahrt. In der 44. Minute war der VfL ausgeschieden, doch dann erzielte Sergej Juran kurz vor der Halbzeitpause den Führungstreffer zum 2:1.

Als Peter Peschel gut 20 Minuten vor Schluss zum 5:1 traf, schien alles entschieden. Weit gefehlt, denn Trabzonspor kam durch zwei Treffer auf 5:3 heran. Der Elf von der Schwarzmeerküste reichte noch ein Tor, um weiterzukommen. Doch die Bochumer hielten den Vorsprung. Das Stadion stand Kopf.

„Es herrschte eine einzigartige Stimmung. Die Fans hätten uns Spieler am liebsten auf einem Stuhl durch die Stadt getragen", erinnert Thomas Reis, einer der blau-weißen Europapokal-Helden, an die damalige Atmosphäre. Die Elf machte es den Anhängern aber einfach. Einen solch attraktiven, mutigen Fußball hatten sie an der Castroper Straße lange nicht gesehen.

Im Oktober wartete mit dem FC Brügge ein weiterer starker Gegner auf die Europacup-Novizen aus dem Ruhrgebiet. Nach einer knappen 0:1-Niederlage in Belgien folgte eine 4:1-Galavorstellung im heimischen Ruhrstadion. Thomas Reis, der heute die Nachwuchsabteilung des VfL betreut, ist die Begeisterung von damals noch sehr präsent. „Wir waren der erste Aufsteiger in die 1. Bundesliga, der sich direkt für den Europapokal qualifizieren konnte. Das gesamte Umfeld in Bochum war euphorisch."

Nun stand das Achtelfinale an. „Die Auslosung schauten wir uns im Mannschaftskreis immer gemeinsam an", erklärt Thomas Reis. Aus den Lostöpfen wurde ein echter „dicker Fisch" gezogen: Ajax Amsterdam. In den 1990er-Jahren gehörten die Niederländer zu den besten Adressen in Europa. 50.000 Zuschauer in der Amsterdam-Arena staunten nicht schlecht, als der VfL nach 24 Minuten durch Tore von Reis und Waldoch mit 2:0 führte. Am Ende hieß es aber 4:2 für Ajax Amsterdam.
Das Rückspiel in Bochum gestalteten die Blau-Weißen lange offen. Beim 2:1 durch Zoran Mamic keimte sogar kurzzeitig Hoffnung auf ein Weiterkommen auf. Doch letztendlich schied die Elf um Trainer Klaus Toppmöller gegen einen ganz starken Gegner mit 2:2 aus. Für die Fans wird diese Zeit unvergesslich bleiben. Hoch erhobenen Hauptes verabschiedeten sich Wosz und Co. vorerst von der europäischen Fußballbühne. Bis heute ist der Einzug unter die besten 16 Teams des UEFA-Pokals einer der größten Erfolge der Vereinsgeschichte.

Besonders bei solch überraschenden Erfolgsgeschichten stellen Journalisten, Fans und Fußballinteressierte oft die Frage nach den Gründen. „Wir schmolzen als Team zusammen, waren eine Einheit. Im Mannschaftskreis hatten wir auch viele verbindende Unternehmungen im privaten Bereich. Wirkliche Außenseiter gab es bei uns nicht. An das Gemeinschaftserlebnis und den Zusammenhalt untereinander denke ich heute noch gerne zurück", liefert Thomas Reis ein Erfolgsrezept. „Natürlich konnten wir auch Fußball spielen. Unsere Abwehr bestand aus einer damals modernen Viererkette. Wir setzten Bayern München in einem Spiel stark unter Druck und wurden ausgekontert. Das ist auch eine Qualität, die man sich erst erarbeiten muss", gibt Reis einen weiteren Grund für die erfolgreiche Zeit an und führt weiter aus: „Wir waren damals so verrückt, dass wir sogar Prämien für die Europapokalteilnahme und den Deutschen Meistertitel aushandelten."

Teamgeist, Spielwitz und Selbstbewusstsein waren und sind also nicht die schlechtesten Voraussetzungen für sportliche Erfolge. „Das schönste war aber der Spaß, den wir hatten. Da ist man schon mal aus einem Trainingslager ausgebüchst. Mit fünf Kollegen haben wir uns gegenseitig einfach so eine Glatze geschnitten. Legendär war eine Aktion von Thomas Stickroth, der mich vor einem Spiel bat, doch mal nach 20 Minuten zu ihm zu schauen. Gespannt nahm ich später Augenkontakt zu ihm auf. Er machte gekonnt einige Übersteiger. Nur war weit und breit kein Gegenspieler zu sehen. Das sah wirklich interessant aus", flachst Thomas Reis.

An diese erfolgreichen und zugleich außerordentlich lustigen Zeiten möchte der VfL natürlich gerne wieder anknüpfen. Sportlich hängt der VfL seinen Ambitionen ein wenig hinterher, mit der Berufung des Kabarettisten Frank Goosen in den Aufsichtsrat ist zumindest der Spaß in die Vereinsarbeit zurückgekehrt. Auch in atmosphärischer Hinsicht scheint er ein Glücksgriff für den Club zu sein. Satzungsänderungen, die Einrichtung von Arbeitsgemeinschaften mit Fanclubs und die stärkere Einbeziehung von Faninteressen haben Anhängerschaft und Vereinsvordere enger verbunden. Vereinsfunktionäre und Zuschauer sind gemeinsam durch eine schwierige Zweitligasaison gegangen. Nach der „Fast-Aufstiegssaison“ im vergangenen Jahr hatten die Verantwortlichen des VfL viele Abgänge von Spielern zu verkraften. Zum ersten Mal konnte der VfL Bochum nicht direkt wieder in die 1. Bundesliga aufsteigen. Das bedeutete für den Club eine Zäsur. „Wir versuchen nun, den Verein so aufzustellen, dass junge Spieler die Möglichkeit haben, sich weiterzuentwickeln. Wir wollen wieder mehr Typen auf dem Rasen sehen“, umreißt Frank Goosen die aktuelle Situation und die Ziele des VfL Bochum.

Neben der rein sportlichen Entwicklung ist den Verantwortlichen die Beziehung zu den Anhängern sehr wichtig. „Mit dem Stopp der Entfremdung von Fans und Verein in der letzten Zeit bin ich sehr zufrieden. Wir sind alle wieder ein gutes Stück zusammengerückt. Die Offenheit für die Belange der Fans ist gewachsen. Diese Entwicklung muss weiter gehen“, bringt Frank Goosen, mittlerweile zum stellvertretenden Aufsichtsratsvorsitzenden aufgerückt, ein weiteres Ziel zum Ausdruck. Der zwischenzeitliche Abstiegskampf in der 2. Bundesliga hat die VfLer in keine nachhaltige Schockstarre versetzt.

Die Einbindung der Fans in die Vereinsbelange scheint gerade in Bochum besonders bedeutsam zu sein. „Wir haben nicht so eine große Fanbasis wie etwa der BVB oder Schalke. Der VfL-Fan ist in aller Regel Bochumer. Das Einzugsgebiet ist begrenzt. So verfügen wir aber auch über eine gut vernetzte Fanstruktur“, erklärt Goosen die vergleichsweise familiäre Fankultur. Bei diesen Schilderungen liegen Assoziationen mit einer Textpassage aus Herbert Grönemeyers Liebeserklärung an seine Heimatstadt nahe: „Hier, wo das Herz noch zählt, nicht das große Geld“. Viele Besucher eines Spiels des VfL können dieses Gefühl wohl nachvollziehen. Spätestens, wenn vor jedem Heimspiel die Ostkurve Grönemeyers Lied „Bochum“ intoniert.

Jeder einzelne Anhänger ist wichtig, um für ein gut gefülltes Ruhrstadion zu sorgen. „Unser Stadion ist ein Glücksfall. Gut erreichbar, mitten in der Stadt, die Zuschauer sind ganz nah dran. Es ist behutsam ausbau- und modernisierbar. Die Flutlichtmasten wirken wie eine Landmarke, im Gegensatz zu vielen der modernen Arenen. Es ist und bleibt ein Schmuckkästchen", schwärmt Frank Goosen.

Im Moment ist der VfL Bochum auf einem guten Wege, den Ruf des familiären, solide geführten Vereins zu verteidigen. Treue Fans, bedachte Führung, trotz übersichtlichen Budgets beharrlicher und jahrzehntelanger Verbleib im Profifußball, nie versiegende Hoffnung auf bessere Zeiten in Bochum. Dort, wo das Herz noch zählt.

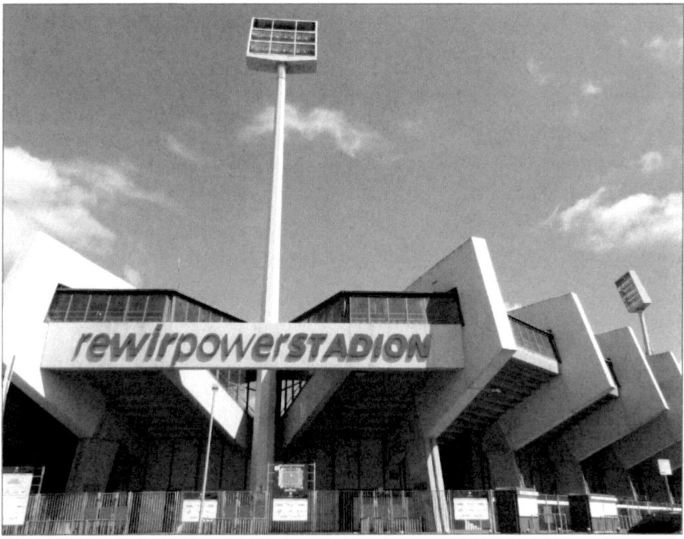

Flutlichtmasten wie Landmarken.

SG Wattenscheid 09

Nächtlicher Besuch in der Backstube Peitzmeier – die Bundesligajahre

Sachen gibt's, die gibt's gar nicht. Das dachte sich wohl der gesamte Tross der SG Wattenscheid 09, als er sich auf den Weg zum Auswärtsspiel nach Berlin machte. Die deutsch-deutsche Grenze war erst wenige Stunden offen, die Mauer durchlässig geworden. Eine weltpolitische Sensation vollzog sich gerade in der geteilten Stadt. Das Zweitligaspiel zwischen Hertha BSC und Wattenscheid 09 am 11. November 1989 sollte in die Fußballgeschichte eingehen.

„Das 1:1-Endergebnis war vollkommen nebensächlich", erinnert sich Uwe Tschiskale, der damals für die 09er stürmte. „Am Tag vor dem Spiel mischten wir uns unter das Volk und beobachteten die Szenerie. Die Menschen feierten auf dem Kudamm. So etwas vergisst man sein ganzes Leben nicht." Ähnlich wie Uwe Tschiskale dürfte es seinen Mannschaftskollegen ergangen sein, allesamt bekleidet mit längeren, grünen Mänteln. Die hatte der Präsident der SG, der Textilunternehmer Klaus Steilmann, verteilt. „Viele ostdeutsche Bürger haben uns sehr skeptisch angesehen. Wir haben wohl den Eindruck erweckt, wir seien Mitarbeiter der Stasi", denkt Tschiskale an die Zeit zurück. Die Partie im Berliner Olympiastadion verfolgten am ersten Samstag nach der Maueröffnung mehr als 40.000 Besucher aus Ost und West, davon mehr als 10.000 aus Ost-Berlin und der übrigen DDR, die freien Eintritt hatten.

Im Rückspiel am 17. Mai 1990 machten die Wattenscheider dann den Aufstieg in die 1. Bundesliga durch ein 5:1 gegen die Hertha perfekt. Zum ersten Mal in der Vereinsgeschichte spielte die SG erstklassig. „Wir Spieler wurden von der Entwicklung überrascht. Auf einmal hatten wir die Chance aufzusteigen. Die 1.

Liga war zu diesem Zeitpunkt gar nicht geplant“, freut sich der damalige Wattenscheider Abwehrrecke Jörg Bach noch heute. Es war der Beginn einer unglaublichen Zeit. Die 09er mischten in den kommenden Jahren die erste Liga auf. „Besonders in den ersten beiden Bundesligajahren haben uns die meisten Teams unterschätzt“, führt Jörg Bach als Begründung für die Erfolge an.

Doch es steckte wesentlich mehr hinter dem „Erfolgsrezept Wattenscheid 09“. Clubpräsident und Gönner Klaus Steilmann suchte die Spieler mit Bedacht aus. Sie mussten der Mannschaft nicht nur sportlich weiterhelfen, sondern vor allem auch charakterlich zum Verein passen. „Damals hatten wir im Verein eine tolle Gemeinschaft und ein sehr familiäres Umfeld. Die städtischen Angestellten für die Rasenpflege im Lohrheidestadion, wir Spieler und der Trainerstab sowie die Mitarbeiter der Geschäftsstelle und die lokale Presse – wir alle lebten Wattenscheid 09. Die Identifikation mit dem Verein war wirklich sehr groß. Eine junge Frau auf unserer Geschäftsstelle kümmerte sich alleine um alles Organisatorische. Als ich später zum HSV wechselte, war dort eine Mitarbeiterin ausschließlich für die Versorgung mit Kindergartenplätzen für den Nachwuchs der Spieler verantwortlich“, erinnert sich Bach. „Auch die Beziehung zwischen Mannschaft und Zuschauern war einmalig. Viele Fans haben wir damals namentlich gekannt.“

In den vier Jahren der Bundesligazugehörigkeit sahen die Anhänger der SG legendäre Spiele. 1991 wurden die Bayern 3:2, 1993 2:0 geschlagen. Bei Schalke 04 siegte die Elf aus Lohrheide 4:3. Ein Wahnsinns-Spiel zeigten die Wattenscheider am letzten Spieltag der Saison 1991/92. Zur Pause war die Elf von Trainer Hannes Bongartz so gut wie abgestiegen. „Wir lagen gegen Borussia Mönchengladbach zur Halbzeit 1:2 zurück. So wollten wir uns nicht aus der 1. Bundesliga verabschieden. In der zweiten Hälfte trieben uns die Zuschauer nochmal nach vorne“, erzählt Uwe Tschiskale. Nach dem schnellen Ausgleich durch Hans-Werner Moser peitschten die Fans im Bochumer Ruhrstadion, in das die 09er ausgewichen waren, das Wattenscheider Team weiter nach vorne. „Dann schieße ich durch eine gute Vorarbeit von Samy Sané das entscheidende 3:2. Ein unglaubliches Gefühl. Bis zum Ende haben wir das Ergebnis und letztendlich die Liga gehalten." Diesen Moment hat Uwe Tschiskale nie vergessen.

Und dann gab es noch die ganz besonderen Spiele gegen den Stadtnachbarn VfL Bochum. Die Wattenscheider, seit 1975 nicht mehr mit Stadtrechten ausgestattet, sondern als Stadtteil von Bochum eingemeindet, fieberten auf jedes einzelne dieser Duelle ganz besonders hin. Das galt auch für den Präsidenten, wie Jörg Bach noch genau weiß: „Der Aufstieg seiner SG war für Klaus Steilmann ein Herzenswunsch. Ein anderer bestand darin, einmal gegen den VfL Bochum zu gewinnen." Diesen Traum erfüllte ihm die Mannschaft kurz vor dem Weihnachtsfest 1992. Durch zwei Tore von Stürmer-Star Souleyman Sané bezwangen die Wattenscheider den Nachbarn. Es sollte bis heute der einzige Sieg bleiben.

Bei all diesen Erfolgen kam auch das Feiern nicht zu kurz. Im Mannschaftskreis unternahmen die Spieler damals viel miteinander. Diese Unternehmungen konnten schon mal etwas länger dauern. Nach erfolgreichen Spielen, vorzugsweise freitagsabends, saß man gern noch länger in der Kabine zusammen. Später zogen einige Spieler häufig noch weiter. „Im Ausnahmefall landeten wir auch mal morgens um 5 Uhr in der Backstube Peitzmeier in Wattenscheid. Nach einer langen Nacht schmeckten die frischen Brötchen einfach toll", sagt Bach lachend. „Ich kann mich an eine Trainingseinheit am darauf folgenden Samstagmorgen erinnern. Die lockere Laufeinheit, auf die sich das Training beschränkte, konnte von den meisten gerade noch bewältigt werden", schmunzelt der heute 47-Jährige.

Inzwischen muss der Verein kleinere Brötchen backen. Die 09er kickten bis vor kurzer Zeit noch in der sechstklassigen Westfalenliga. Statt Bayern München und Borussia Dortmund erwartete die SG im Lohrheidestadion die SpvG Olpe oder den TuS Ennepetal. Zukünftig starten die Wattenscheider in der Regionalliga West. Die Fans sind der SG treu geblieben. „Zu den Auswärtsspielen sind 100 Mitreisende keine Seltenheit. Wir organisieren regelmäßig Fanfahrten, um den Anhängern das ‚über Land tingeln' zu vereinfachen," berichtet Mike Dröge, der Fanbeauftragte des Clubs. Wesentlich mehr kommen aber zu den Heimspielen auch nicht. „Das ist schwer zu erklären", stellt Mike Dröge fest. Er ist sich aber sicher, dass Wattenscheid 09 noch sehr viel mehr Unterstützer hat. „Bestes Beispiel ist unser Auswärtsspiel bei Rot-Weiß Ahlen II am letzten Spieltag der Oberliga Westfalen im Jahr 2005. Mit dem 1:1 schafften wir den Aufstieg in die Regionalliga Nord. Die meisten der etwa 3.000 Zuschauer kamen aus Wattenscheid." Im Ruhrgebiet erinnern sich jedenfalls noch viele Fußballfans gerne an die unvergleichliche Bundesligazeit des Vereins zurück.

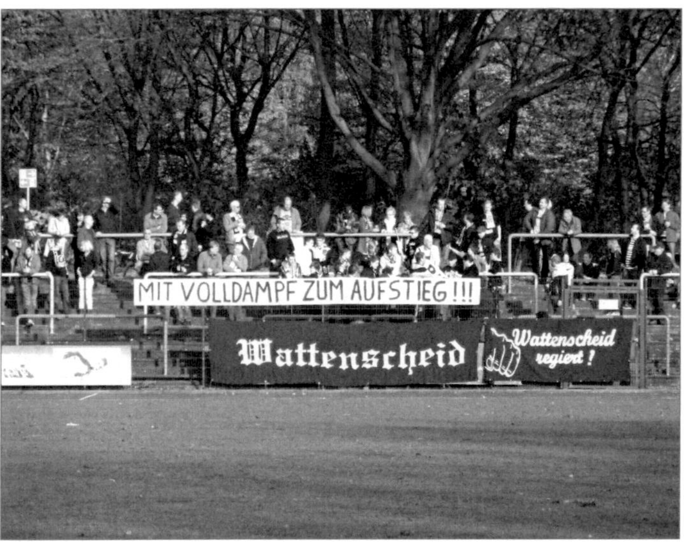

Wattenscheider Auswärtsfahrt nach Wanne-Eickel im November 2011.

Bottrop

Großes Kino und Hüttenzauber

Vor etwa 150 Jahren begann die Bergbaugeschichte in Bottrop. Das Kohlebergwerk Prosper 1 nahm den Betrieb auf. Schon bald suchten die Zechenbetreiber händeringend Arbeitskräfte. Zunächst immigrierten vor allem Schlesier und Polen in großer Zahl in die Stadt. Seit den 1950er-Jahren bis in die frühen 1970er-Jahre warben die Unternehmer viele tausend Menschen aus Süd- und Südosteuropa an. Von einem kleinen Dorf, das Bottrop vor 150 Jahren noch war, wuchs der Ort zu einer Großstadt mit mittlerweile etwa 115.000 Einwohnern heran.

Als eine der wenigen Zechen im Ruhrgebiet ist noch heute das Bergwerk Prosper-Haniel in Betrieb. Wie in fast allen anderen Städten im Revier hat der wirtschaftliche Strukturwandel auch in Bottrop seine Spuren hinterlassen. Vor allem im Bereich Unterhaltung und Freizeit sind zahlreiche erfolgreiche Projekte durchgeführt worden. Der Movie Park – ein Freizeitpark, der den Themenschwerpunkt auf Kinofilme setzt – lockt insbesondere an den Wochenende im Sommer tausende von Besuchern an. Das Alpincenter ermöglicht den Skifans im Ruhrgebiet die Ausübung ihres Hobbys und „Hüttenzauber“ dazu.

Doch auch im spitzensportlichen Bereich kann Bottrop einiges aufbieten. Bis vor kurzem stand der VC Bottrop in der ersten Volleyball-Bundesliga. Bis vor einigen Jahren gehörten auch die Badminton-Spieler der Bottroper BG der höchsten deutschen Liga an.

Der bislang erfolgreichste Fußballverein der Stadt ist der VfB Bottrop. In den 1950er- und 60er-Jahren gehörte der Verein immer wieder der zweithöchsten Klasse an. Dabei haftete dem

Club eine Art „sportliche Tragik“ an, die es verhinderte, dass die Bottroper jemals in die höchste deutsche Spielklasse aufstiegen.

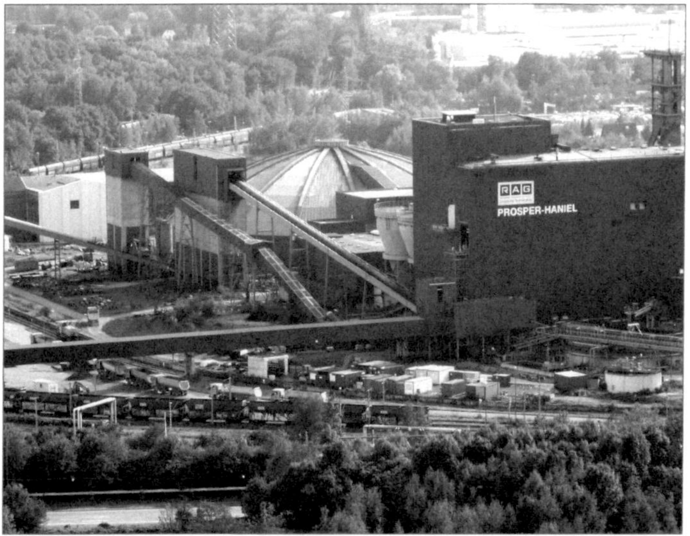

Das Unternehmen Prosper-Haniel in Bottrop. Foto: Dieter Schütz/pixelio.de

VfB Bottrop

Der Meister im Nicht-Aufstieg: Von einem, der sich nie unterkriegen ließ

Alles war gut vorbereitet. Die Girlanden hingen bereits im Vereinsheim. Der großen Aufstiegsfeier des Vereins für Bewegungsspiele (VfB) Bottrop schien nichts mehr im Wege zu stehen. Die Mannschaft musste „nur noch" das letzte Spiel in der 2. Liga West beim Rheydter Spielverein gewinnen, dann konnten die Bottroper Anhänger den Aufstieg in die Oberliga West feiern. Doch an diesem Sommertag des Jahres 1955 sollte alles anders kommen.

Nach einer sehr kampfbetonten Begegnung unterlagen die schwarz-weiß gekleideten Bottroper in Rheydt mit 1:2. In der Vereinschronik des VfB heißt es, dass die Girlanden im Vereinsheim wieder abgehängt wurden. Die Enttäuschung in Bottrop sei zu groß gewesen. Kein Wunder, denn am Ende der Saison 1954/55 fehlten dem drittplatzierten VfB nur ein Punkt und einige Tore auf die Sportfreunde Hamborn 07, die mit dem Wuppertaler SV in der kommenden Saison der höchsten Klasse, der Oberliga West, angehören sollten.

Es schien wie verhext, hatten die Schwarz-Weißen doch bereits drei Jahre zuvor den Aufstieg in die höchste Spielklasse nur denkbar knapp verpasst. 1952 scheiterten die Bottroper erst in der Qualifikationsrunde zur Oberliga West. Ausgerechnet dort verlor die Elf um den überragenden Torhüter Reinhold Grunert ihr einziges Heimspiel der Saison im Revierduell gegen die Spielvereinigung Erkenschwick.

Doch diese beiden knapp verpassten Aufstiege der Jahre 1952 und 1955 sollten erst der Beginn einer unglaublichen Pechsträhne des VfB sein. Lange Zeit führten die Schwarz-Weißen in der Spielzeit 1955/56 die Tabelle an. Dieses Jahr musste es doch endlich mit dem langersehnten Sprung in die Oberliga klappen. Aber am Ende der Saison ging den Bottropern die Luft aus. Am letzten Spieltag mussten die Schwarz-Weißen mit ihrem erfahrenen Trainer Willi Multhaup – der 1965 mit Werder Bremen Deutscher Meister werden sollte, ein Jahr später Borussia Dortmund zum Gewinn des Europapokals führte und 1968 mit dem 1. FC Köln DFB-Pokalsieger wurde – zum Tabellenletzten VfB Bielefeld reisen. Bei einem Sieg wäre der Aufstieg perfekt gewesen. Genau dieselben Voraussetzungen also, wie ein Jahr zuvor beim Spiel in Rheydt. Und wieder mussten Multhaups Mannen am Ende enttäuscht die Heimreise antreten. Beim Tabellenletzten verloren die Bottroper mit 0:2. Die punktgleiche Elf des Meidericher SV stieg aufgrund des besseren Torverhältnisses in die Oberliga West auf.

In der darauffolgenden Saison übernahm der Bottroper Oberbürgermeister Ernst Wilczok höchst persönlich den Vereinsvorsitz. Die Mission lautete, nun endlich in die Oberliga aufzusteigen. Am Ende der Spielzeit hingen wieder keine Girlanden im Vereinsheim. Mit drei Punkten und dem schlechteren Torverhältnis landete der VfB hinter Hamborn 07 und Rot-Weiß Oberhausen zum dritten Mal nacheinander auf Rang drei.

Der Höhepunkt an „sportlicher Tragik“ sollte jedoch erst noch folgen. Die Anhänger der Schwarz-Weißen trauten im heimischen Jahnstadion ihren Augen nicht. Am letzten Spieltag der Saison 1962/63 konnte der VfB den VfL Bochum mit 2:0 bezwingen und schloss die Spielzeit als Tabellenerster ab aufgrund des besseren Torverhältnisses gegenüber dem TuS Duisburg. Der Bann schien gebrochen. Das Glück war zum Tüchtigen zurückgekehrt. Hätte nicht kurz zuvor der Deutsche Fußballbund eine weitreichende Entscheidung getroffen:

1963 sollte die Fußball-Bundesliga eingeführt werden. Um die Gründungsvereine zu bestimmen, legten die Funktionäre des DFB komplexe Regelungen aus sportlichen Erfolgen der letzten Jahre und wirtschaftlicher Situation der Vereine an. Letztendlich fand sich der VfB Bottrop nicht unter den 16 Vereinen der neu gegründeten 1. Bundesliga wieder. Sportlich aufgestiegen, versperrte die Ligareform die lang ersehnte Erstklassigkeit der Schwarz-Weißen. Der Traum der Bottroper Anhänger, einmal in der höchsten Spielklasse mitwirken zu können, sollte sich nicht mehr erfüllen.

„Ich erinnere mich noch gerne an die Zeiten in der 2. Division. Schon als Kind habe ich oft in den 1950er-Jahren die Spiele des VfB im Jahnstadion besucht. Ich habe noch die vielfach vollen Ränge und die spannenden Begegnungen gegen die Vereine aus der Umgebung vor Augen", berichtet Benedikt Mies, der heutige Präsident des Clubs. Seit 1977 engagiert sich der Apotheker für den Verein. Zunächst half er den aktiven Fußballern bei Sportverletzungen mit selbst erzeugten Präparaten. Später übernahm er den Vereinsvorsitz. Zwar spielten die Schwarz-Weißen seit dem Abstieg aus der Regionalliga im Jahr 1968 nicht mehr in der zweiten Liga, boten den treuen Anhängern aber weiterhin großartige Fußballspiele.

Im Sommer 1983 bestritt der VfB, zuvor in die Landesliga abgestiegen, ein Vorbereitungsspiel gegen den damaligen Zweitligisten Rot-Weiss Essen im heimischen Jahnstadion. Diesen Sonntagvormittag sollte der Favorit so schnell nicht vergessen. „Unsere junge Mannschaft spielte befreit nach vorne und bestimmte die Begegnung", schwärmt Benedikt Mies noch heute. Die zahlreichen Besucher rieben sich nach 90 Minuten verwundert die Augen. Der VfB schickte die Rot-Weissen mit 4:0 auf den Heimweg.

Am letzten Spieltag der Saison 1983/84 stand der VfB kurz vor dem Aufstieg in die Verbandsliga. Ein Sieg im anstehenden Heimspiel reichte. „Genau wie in den 1950er-Jahren", dürften sich die älteren Anhänger wohl gedacht haben. Doch dieses Mal sollte es besser ausgehen. „Ich lieh mir von einer Bekannten ein Auto mit eingebautem Telefon. Damals war das eine Rarität. Damit fuhr ich zu unserem direkten Aufstiegskonkurrenten SV Schwafheim an den Niederrhein und gab die Zwischenstände nach Bottrop durch. In der Halbzeitpause wurde ich per Stadiondurchsage aufgefordert, mein Auto wegzufahren. Das war reine Schikane", erinnert sich der engagierte Apotheker Mies amüsiert an den spannenden Tag. Letztendlich siegten sowohl Bottrop als auch Schwafheim. Der VfB stieg aufgrund des besseren Torverhältnisses auf.

1984 lockten die Vereinsfunktionäre um Benedikt Mies zwei Spitzenvereine aus der Fußball-Bundesliga zu Freundschaftsspielen in die Ruhrgebietsstadt. Am Karnevalssamstag leistete der VfB Bottrop gegen den Hamburger SV, dem amtierenden Europapokalsieger der Landesmeister, eine tolle Gegenwehr. Die Elf um Trainerlegende Ernst Happel und Mittelfeld-As Felix Magath siegte lediglich mit 3:0.

Einige Wochen später gelang Bottrops Verteidiger Klaus-Peter Wittebrock ein absolutes Traumtor in der Partie gegen Borussia Mönchengladbach, in dem er aus 40 Metern abzog und dem jungen Uwe Kamps im „Kasten" der Gladbacher keine Chance ließ. 6.000 Zuschauer im Jahnstadion waren begeistert.

„Wir wollten den Bottropern etwas bieten. Die beiden Freundschaftsspiele dienten der Imagepflege", erklärt der damalige und heutige Vorsitzende des VfB, Benedikt Mies. Die „zünftigen" Antrittsprämien der Bundesligaclubs, beide Begegnungen kosteten die Schwarz-Weißen etwa 80.000 DM, sollten sich auszahlen. Noch heute erinnern sich die Bottroper Fußballfreunde gerne an die beiden Spiele.

Aktuell befindet sich der VfB Bottrop im Aufwind. Der Landesligist bietet 240 Jugendlichen eine sportliche Heimat, Tendenz steigend. „Wir können uns keine teuren Spieler leisten und legen deshalb viel Wert auf eine gute Jugendarbeit. Ausreichend qualifizierte Übungsleiter zu finden, stellt aber ein zunehmendes Problem dar. Ehrenamtliche Trainer sind nicht im Überfluss vorhanden, und wir – wie die meisten Amateurvereine – müssen auf jeden Euro achten“, umreißt Bottrops Vorsitzender Mies die gegenwärtige Situation.

Doch in der Vergangenheit haben die Bottroper mit großem Engagement, Esprit und guten Ideen dafür gesorgt, dass ihr Verein weiter lebt. Und gibt es so etwas wie „ausgleichende Gerechtigkeit“, haben die Schwarz-Weißen noch einige Aufstiege aus den 1950er-Jahren gut.

Dortmund

Von der Bier- zur Bürostadt?

Heute präsentiert sich Dortmund als Dienstleistungszentrum. Insbesondere Versicherungen, Banken sowie Logistik- und Technologieunternehmen haben ihren Sitz in der Stadt. Etwa drei von vier Beschäftigten in Dortmund gehen ihrer Arbeit im Dienstleistungssektor nach.

Das sah einmal völlig anders aus. Neben Bergbau und Stahlindustrie waren Tausende in den einst zahlreichen Brauereien beschäftigt.

Die Tradition Dortmunds als Stadt des Bieres reicht bis ins Mittelalter zurück. Während der Zeit der Industrialisierung und dem damit verbundenen explosionsartigen Bevölkerungswachstum in der Region wuchs der Absatzmarkt. Um das Jahr 1900 gab es 30 Brauereien.

In den 1960er-Jahren galt Dortmund als *die* Bierstadt in Europa. Fast 7.000 Beschäftigte im Brauwesen produzierten etwa 10% aller Biere in Deutschland. Weltweit wurde lediglich im US-amerikanischen Milwaukee noch mehr Gerstensaft hergestellt.

Heute hat mit der Dortmunder Actien Brauerei gerade noch ein Großbetrieb überlebt. Neben dem Niedergang der Kohle- und Stahlindustrie setzte in den 1970er-Jahren auch im Brauereiwesen eine deutliche Krise ein. Zahlreiche traditionsreiche Marken existieren jedoch heute unter dem Dach der Actien Brauerei weiter.

Und da gibt es 2007 den „David" unter den Brauereien, als die Zeit der kleinen Hausbrauereien und Familienbetriebe fast vorbei zu sein schien.

Fast, denn vom Vorort Rahm aus hatte es sich Dr. Thomas Raphael zum Ziel gesetzt, „die Bierkultur Dortmunds zu beleben".

Kurzerhand sicherte er sich vor einigen Jahren die Markenrechte am seit 1796 gebrauten „Bergmann Bier". Der einstige Familienbetrieb hatte 1972 seine Produktion eingestellt. Diese Tradition lassen Thomas Raphael und seine Mitstreiter nun mit viel Enthusiasmus und Idealismus wieder aufleben. Der Werbespruch „Harte Arbeit, ehrlicher Lohn" ist gut gewählt, steht er doch für das Selbstverständnis der Stadt und seiner Arbeiter. Den Dortmundern scheinen die Erzeugnisse zu schmecken. Der Absatz wächst von Jahr zu Jahr. Ziel ist es, einmal 1 % des Dortmunder Biermarktes abzuschöpfen. Na dann, Glück auf und Prost!

Borussia Dortmund

Die Zukunft auf des Messers Schneide – die verrückten Tage im Mai 1986

Die sprichwörtlich einander völlig fremde Menschen liegen sich in den Armen. Ein Befreiungsschrei aus 50.000 Kehlen, der nicht enden will. Spontane Freudentränen schießen gestandenen Männern aus den Augen; Momente puren Glücks. Was war geschehen?

Wir befinden uns im Dortmunder Westfalenstadion. Es ist Pfingstsamstag, der 17. Mai 1986. Gerade hat BVB-Stürmer Jürgen Wegmann das 3:1 gegen Fortuna Köln in der allerletzten Sekunde des Relegationsspieles erzielt, und damit Borussia Dortmund und seinen treuen Fans den Gang in die 2. Liga vorerst erspart. Minuten vorher gestaltete sich die Szenerie im prall gefüllten Stadion noch ganz anders. Unter den Zuschauern hatte das große Zittern um den Ligaverbleib begonnen. Denn das Hinspiel hatte der BVB im Müngersdorfer Stadion mit 0:2 verloren. Zur Halbzeit lagen die Schwarz-Gelben bereits mit 0:1 im Rückstand. 45 Minuten verblieben noch, um drei Tore zu schießen.

Es sei natürlich klar, dass man in solchen Momenten an die 2. Liga denke, erklärt mehr als 24 Jahre später der damalige Trainer der Dortmunder, Reinhard Saftig. Erst einen Monat zuvor, am 20. April 1986, hatte er das Traineramt vom entlassenen Pal Csernai übernommen.

Die Vereinsfunktionäre hatten nach einer schwachen Saison die Notbremse gezogen. Reinhard Saftigs Mission hatte „Ligaerhalt" geheißen. Dafür blieb noch eine Halbzeit:

Die begann furios. Schiedsrichter Aaron Schmidthuber sprach den Dortmundern einen Foulelfmeter zu. Der „Dortmunder

Junge“ Michael Zorc, von den Fans wegen seiner Haarpracht nur „Susi“ genannt, lief an und traf sicher. 35 Minuten noch und zwei Tore mussten her. Gut 20 Minuten vor Schluss erzielte Marcel Raducanu ein herrliches Kopfballtor. Doch die Zeit verrann. Die letzte Minute war erreicht. Die Borussia stand mit anderthalb Beinen in der 2. Fußball-Bundesliga. Ein letzter Angriff. Ein hoher Ball flog auf die halblinke Seite. Ingo Anderbrügge kam zum Schuss. Fortuna Keeper Jacek Jarecki ließ den Ball abprallen. Und einen Meter vor der Torlinie stand Jürgen Wegmann goldrichtig. 3:1 für den BVB!

„Die Mannschaft hat gerade in diesem Spiel Charakter und Stärke bewiesen. Wir hatten damals eine Top-Kameradschaft. Das war so, obwohl der Verein nicht viel Geld hatte, und wir eigentlich immer gegen den Abstieg spielten“, hält Marcel Raducanu die Momente von damals fest.

Doch der 3:1-Sieg stellte noch nicht die Rettung dar. Ein Entscheidungsspiel wurde fällig. An diese Hängepartie erinnert sich Reinhard Saftig noch genau. Die Verhandlungen mit neuen Spielern musste die Vereinsführung damals aussetzen, da diese nur in die 1. Liga wechseln wollten.

Eine Woche später, am 30. Mai, setzte sich eine schwarz-gelbe Autokarawane in Richtung Düsseldorfer Rheinstadion, dem Austragungsort der entscheidenden Relegationsbegegnung, in Bewegung. Mehr als 40.000 Anhänger des BVB waren in die Landeshauptstadt unterwegs. Was folgte, war ein Fußballmärchen. Ein alptraumhafter Saisonverlauf mündete doch noch in einem Happy-End. Dem 1:0 von Dirk Hupe in der 31. Minute folgten weitere sieben Treffer in der zweiten Spielhälfte. 8:0, der Verbleib in der 1. Bundesliga war unter Dach und Fach. Die Fans der Dortmunder Borussia machten die Nacht zum Tag.

Die drei Relegationsspiele aus dem Mai 1986 gelten für viele Anhänger der Borussia als positive Zeitenwende. Irgendetwas sei damals passiert, stellen viele Anhänger der Borussia im Nachhinein fest. „Wer weiß, was mit Borussia passiert wäre, wenn wir damals abgestiegen wären?" fragt sich der ehemalige Mittelfeldregisseur der Borussia, Marcel Raducanu. Nicht wenige Borussen-Fans behaupten, dass damals ein „Wir-Gefühl" entstanden sei, quasi die Geburtsstunde der späteren großen Erfolge.

Dieses Gefühl lässt sich sogar statistisch belegen. In der darauf folgenden Saison wurde Borussia Dortmund Tabellenvierter. Nach langen Jahren der Abstinenz bedeutete das die Rückkehr auf die internationale Fußballbühne. Die Fans waren begeistert. Mitreißende Spiele gegen Celtic Glasgow und den FC Brügge folgten. 1989 schossen Norbert Dickel und Co. die Borussen zum DFB-Pokalsieg. Später feierte man gar Deutsche Meisterschaften, den Champions-League-Sieg und den Gewinn des Weltpokals.

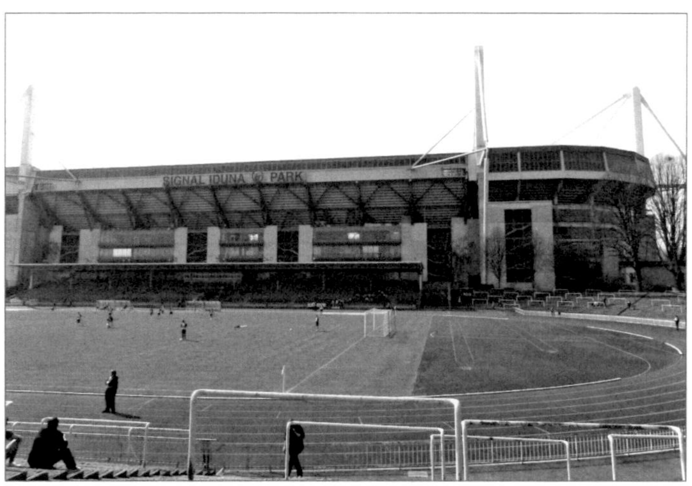

Stadion „Rote Erde" vor dem ehemaligen Westfalenstadion.

Ein Vierteljahrhundert später schien der BVB auf dem nationalen Fußballolymp angekommen. An diesem Ostersamstag 2011 konnte Borussia Dortmund durch einen Sieg in Mönchengladbach den Deutschen Meistertitel erringen. Schon am Vormittag spuckten die Regionalzüge Mengen schwarz-gelber Fans in Mönchengladbach und Rheydt aus. Auf den Bahnhofsvorplätzen und in den Kneipen der Stadt fieberten die Anhänger dem Spiel am Abend entgegen.

„Deutscher Meister wird nur der BVB“, schallte es durch den Borussia-Park in Mönchengladbach. Weit mehr als 20.000 Anhänger der Westfalen sorgten an diesem Ostersamstag für Heimspielatmosphäre beim rheinischen Namensvetter. Doch Borussia Mönchengladbach siegte am Ende mit 1:0. Aber eine Woche später war es soweit. Der BVB sicherte sich durch ein 2:0 gegen den 1. FC Nürnberg seine siebte Deutsche Meisterschaft.

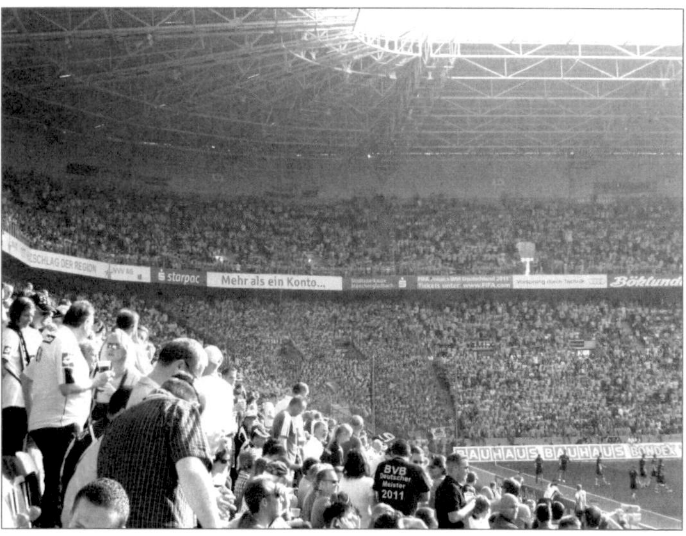

Schwarz-gelbe Invasion am Niederrhein, Ostersamstag 2011.

Die Stadt stand an diesem 30. April 2011 Kopf. Zwei Wochen später feierten Hunderttausende im Rahmen der offiziellen Meisterfeier ihre Helden. Genau vor 25 Jahren hatte die Zukunft des Vereins auf des Messers Schneide gestanden.

Ein Jahr später, am 21. April 2012, wiederholte sich die Szenerie. Am 32. Spieltag trafen die beiden Borussen-Teams im ehemaligen Westfalenstadion aufeinander. Mit dem 2:0-Heimsieg machte die Mannschaft von Trainer Jürgen Klopp den achten Meistertitel perfekt. Das Stadion glich einem Tollhaus. Am Stadion, im Kreuzviertel, auf den Plätzen der Innenstadt, überall feierten die Fans ausgelassen bis zum nächsten Morgen. „Und schon wieder Deutscher Meister BVB", hallte es noch lange durch die Straßen der City.

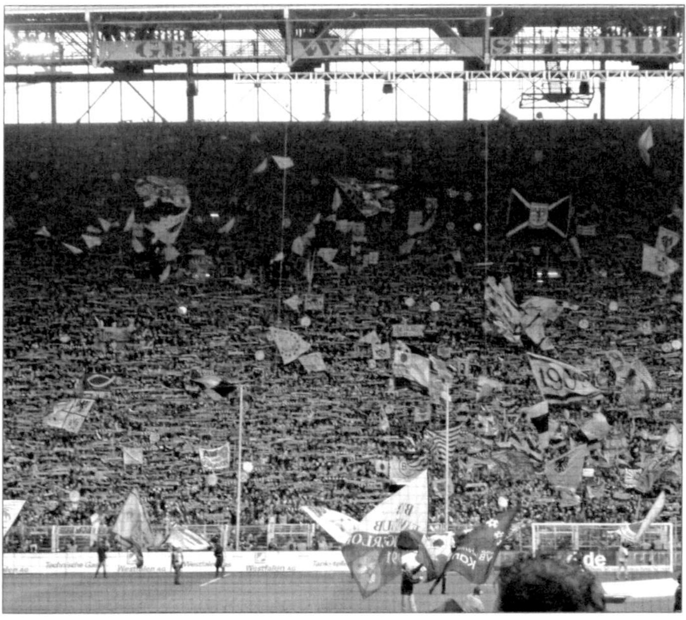

Die „Gelbe Wand" der Südtribüne vor dem Spiel gegen Mönchengladbach im April 2012.

Jeder Vergleich zum Abstiegsdrama 1986 hinkt. Nur eines ist genauso wie früher: Der fast unerschütterliche Rückhalt bei den Fans. Die Südtribüne war auch in schweren Zeiten stets gut gefüllt. „Ich habe es einfach nur genossen. Der Zuspruch und die

Stimmung im Westfalenstadion waren einmalig. Beim Aufwärmen im Stadion deinen eigenen Namen von tausenden Fans zu hören ist wunderbar. Noch heute denke ich oft an dieses Gefühl", schwärmt Marcel Raducanu, Borussias „Balkan-Maradona" – ein Satz, den Dortmunds heutige Meisterkicker in 25 Jahren sicherlich unterschreiben werden.

Duisburg

Eine Hafenrundfahrt

Die Geschichte und wirtschaftliche Entwicklung Duisburgs ist eng verbunden mit dem Hafen in Duisburg-Ruhrort. Schon im 17. Jahrhundert betrieben die Kaufleute einen florierenden Handel mit den Städten der benachbarten Niederlande. Gegen Textilien und Metallwaren brachten die Schiffer vor allem Käse, Salz und Raps zurück nach Duisburg. Im Laufe der Jahrhunderte entstanden immer neue Hafenanlagen rund um die Mündung der Ruhr in den Rhein. In der Blütezeit der Kohle- und Stahlindustrie hatte der Hafen eine zentrale logistische Funktion inne. Noch heute ist er der größte Binnenhafen Europas und stetigen Modernisierungen unterworfen. Auf dem ehemaligen Standort des Krupp-Stahlwerkes im Stadtteil Rheinhausen, gegen dessen Schließung tausende Arbeitnehmer in den 1980er-Jahren protestierten, entstand mit dem Logport ein weiterer moderner Teil des Hafens. Der Innenhafen im Zentrum der Stadt wurde umgestaltet und beherbergt an seinen Ufern heute Gastronomiebetriebe, moderne Wohnungen und Dienstleistungsunternehmen. „Das pralle Leben am Innenhafen", wie der Werbeslogan heißt, genießen viele Duisburger.

Nicht nur der Hafen hat eine wechselvolle Geschichte aufzuweisen, auch die Anhänger des MSV Duisburg, ehemals Meidericher SV, haben unzählige „Wechselbäder der Gefühle" mit tollen Triumphen und bitteren Niederlage hinter sich. Vom S-Bahnhof in Duisburg-Schlenk ziehen am Wochenende im 14-tägigen Rhythmus blau-weiß gekleidete Fans zum nahen Stadion. Vorbei an Schrebergärten des Kleingartenvereins „Heimaterde", der auf eine fast 100-jährige Tradition zurückblicken kann, bis hin zur an die florierenden Zeiten der Industrie erinnernde Kruppstraße. Tradition und Moderne treffen auch direkt am Stadion aufeinander. Die moderne Glasfassade der Arena, die den Zuschauern jeden Komfort bietet, ist umringt von den alten Flutlichtmasten des Wedaustadions. Aus dem Innenraum können die Ankommenden den ehrwürdigen Fangesang hören: „Zebrastreifen, weiß und blau, ein jeder weiß genau, das ist der MSV!"

Fußball in Duisburg heißt aber nicht nur MSV. In den 1950er-Jahren sorgten auch die Sportfreunde Hamborn 07, vielfach „die Löwen" genannt, für Furore. Als die „Zebras" gegen die „Löwen" antraten, war die Stadt wie elektrisiert.

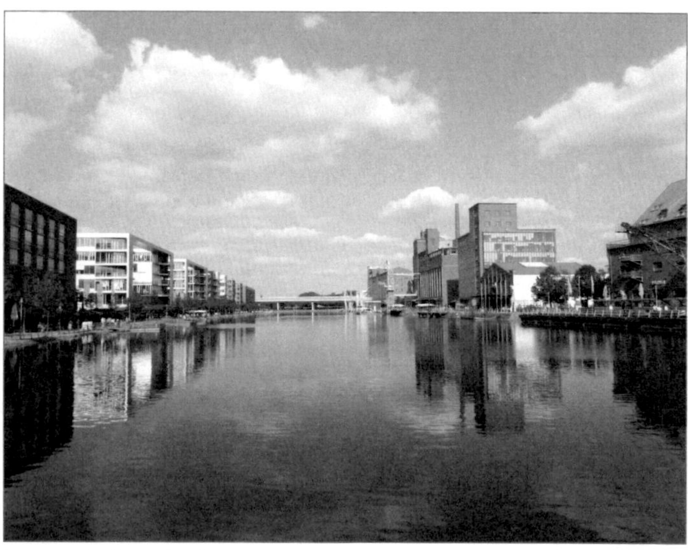

Der Innenhafen in Duisburg.

MSV Duisburg

Als die Zebras den Bayern die Lederhosen auszogen

Vor mehr als 40 Jahren begann ein Fußballmärchen im westfälischen Bergbauort Bockum-Hövel. Die hohen Fördergerüste der Zeche Radbod thronten über den Maschinenhäusern aus rotem Backstein. Hunderte Bergleute standen dort in Lohn und Brot. Die Arbeitsbedingungen waren körperlich noch viel härter als heute, und das sonntägliche Fußballspiel des örtlichen Spielvereins eine willkommene Abwechslung vom mitunter entbehrungsreichen Alltagsleben. Ein junger Mann sorgte zu dieser Zeit für Tore und Aufmerksamkeit beim Spielverein Bockum-Hövel. Mit gerade einmal 22 Jahren schoss er in zehn Spielen 19 Tore in der Landesliga Westfalen. Zwei große Fußballclubs hatten bereits ein Auge auf den jungen Mann geworfen. Der 1. FC Köln und der Meidericher Spielverein (MSV) Duisburg luden ihn zum Probetraining ein. Doch es gab ein großes Problem. Ohne Führerschein und Auto konnte der junge Torjäger die Bundesligastädte kaum erreichen. Ein Bekannter aus Bockum-Hövel kutschierte den lokalen Fußballhelden in die Domstadt und später auch an die Wedau nach Duisburg. Die Verantwortlichen beim MSV waren begeistert vom Landesliga-Torjäger und nahmen ihn unter Vertrag.

Zehn Jahre später. Der Kapitän der deutschen Nationalmannschaft reckte am 22. Juni 1980 den Henri-Delaunay-Pokal in den römischen Nachthimmel. Die DFB-Elf errang die Fußball-Europameisterschaft. Aus dem Bockum-Höveler Jungstar war der Kapitän des Europameisters geworden: Bernard Dietz. Die Zeit zwischen den beiden Ereignissen gehörte zu den erfolgreichsten Zeiten des Duisburger Fußballs, die Bernard Dietz entscheidend prägte. Der MSV mischte in den 1970er-Jahren die 1. Bundesliga auf und gewann reihenweise seine Heimspiele gegen den großen

FC Bayern München. Auch im Europapokal feierten die Zebras, wie die Mannschaft wegen ihres quer gestreiften Trikots genannt wurde, beachtliche Erfolge. Von 1970 bis 1982 spielte Bernard Dietz, der schon in Kindertagen seinen Spitznamen „Ennatz“ erhielt, weil eine kleine Spielkameradin aus der Nachbarschaft seinen Vornamen nicht richtig aussprechen konnte, bei den Meiderichern und entwickelte sich zur Identifikationsfigur für die Fans.

„Die Leidenschaft stand im Vordergrund. Ich wollte etwas bewegen. Das Geld stand für mich nie im Mittelpunkt“, erklärt der gebürtige Bockum-Höveler seine langjährige Treue zum MSV Duisburg. Der junge Fußballer tauchte in eine für ihn neue, ungewohnte Welt ein. Auf einmal maß er sich mit Stars wie Jupp Heynckes, Franz Beckenbauer oder Uli Hoeneß.

Ein Jahr später als Dietz, 1971, stieß auch Klaus Wunder zum MSV Duisburg. Der 20-Jährige hatte bisher bei seinen Eltern in Hannover gewohnt, gerade das Abitur bestanden und versuchte nun, genau wie Bernard Dietz, in Duisburg Fuß zu fassen. Dabei gehörte schon eine große Portion Glück dazu, dass der Abiturient eine Chance beim MSV bekam. Schon als 18-Jähriger spielte Klaus Wunder erfolgreich als Mittelfeldspieler bei Arminia Hannover in der zweitklassigen Regionalliga Nord. „Kurz vor dem Spiel beim SV Meppen fragte mich unser Trainer, ob ich es mir zutrauen würde, die Position des Mittelstürmers einzunehmen. Gerne war ich dazu bereit, und schoss alle Tore bei unserem 4:0-Sieg“, resümiert der heute 62-jährige Inhaber eines Fitnesscenters das für ihn so wichtige Spiel. Auf der Tribüne in Meppen saß damals der Trainer der Bundesligamannschaft des MSV Duisburg, Rudi Faßnacht, und beobachtete den Meppener Heinz Tappel zwecks einer möglichen Verpflichtung. Dazu kam es dann nicht mehr. Trainer Faßnacht war begeistert von der Leistung des jungen Hannoveraners Klaus Wunder. Unmittelbar nach Spielschluss fragte der Duisburger Trainer Wunders Vater, ob sein Sohn zum MSV wechseln könne. „Mein Vater hatte keine Einwände und ich natürlich auch nicht, obwohl ich damals eigentlich ein Studium aufnehmen wollte", erklärt Klaus Wunder.

Auf einem ähnlich skurrilen Weg wie Bernard Dietz und Klaus Wunder gelangte bereits einige Jahre zuvor ein anderer späterer Star der Fußballszene zum MSV: Hannes Linßen.

Der 18-Jährige aus Wachtendonk am Niederrhein steckte gerade im Abitur-Stress. Die mündliche Prüfung in Biologie am Gymnasium in Kempen stand im Frühjahr 1968 an. Am Vormittag absolvierte Hannes Linßen die Fragerunde mit etwas schlotternden Knien. Die konnte er sich einige Stunden später nicht mehr erlauben, denn es ging auf den Trainingsplatz in das etwa 50 Kilometer entfernte Duisburg. Während seine Mitschüler die überstandenen Prüfungen genossen, begann für ihn das Probetraining beim MSV. Er wusste, dass er alles geben musste, um eine Chance beim Bundesligisten zu bekommen. Das Fußballspiel lief wesentlich besser als die Bio-Prüfung am Morgen. Am späten Abend hielt Linßen nach diesem so ereignisreichen Tag einen Profivertrag in den Händen. Er verpasste zwar gerade die Abifeier, aber für ihn nahm eine wunderschöne Zeit im Profifußball ihren Anfang.

Für die drei jungen Männer aus Bockum-Hövel, Hannover und Wachtendonk begannen aufregende Zeiten. „Für mich waren die Jahre beim MSV Duisburg die Schönsten meiner Karriere als Fußballer. Wir feierten nicht nur sportliche Erfolge, sondern es entwickelten sich auch Freundschaften mit Mannschaftskameraden. Mit unserem Mittelfeldspieler Hannes Linßen fuhr ich mehrmals in der Woche zur Uni Bochum, um einem Jurastudium nachzugehen. Ich fühlte mich in Duisburg sehr wohl, auch weil ich die Mentalität der Menschen dort schätzen gelernt habe. Von der Freundlichkeit und Offenheit der Duisburger war ich sofort begeistert. Mehrmals suchte ich beispielsweise nach Straßen und Adressen. Immer gingen die Leute mit oder fuhren mit dem PKW voraus, um mir den Weg zu weisen", schwärmt Klaus Wunder. Für seinen ersten Vertrag erhielt der junge Fußballer etwa 2.000 DM Grundgehalt im Monat. Dazu gab es Siegprämien. Die

Möblierung seiner Wohnung bezuschusste der Verein zusätzlich mit 10.000 DM in Form einer so genannten Einrichtungsbeihilfe. Bei der Verteilung der Prämien, dem Handgeld, mussten sich die jungen Spieler allerdings hinten anstellen. Zuerst erhielten die Verheirateten ihren Lohn, einige Wochen später folgte die Auszahlung an die Ledigen im Team. Gemessen an den Profiverträgen in der heutigen Zeit fiel das Gehalt zwar eher bescheiden aus, aber ordentlich leben ließ es sich damit allemal.

An die gemeinsame Zeit an der Bochumer Universität zu Beginn der 1970er-Jahre erinnern sich die beiden MSV-Greenhorns von einst, Linßen und Wunder, sehr gerne zurück. In den Seminaren wurden juristische Fälle in einer Runde von 20 Studierenden diskutiert. Die Beiden waren als Fußballer bekannt. Regelmäßig fragte sie der Professor nach ihrer Meinung zu rechtlichen Streitfällen. Hannes Linßen und Klaus Wunder begannen ihre Ausführungen stets mit der Formulierung ‚nach gesundem Menschenverstand'. Der Seminarleiter erwiderte, der sei hier nicht gefragt und sorgte bei allen Anwesenden für Gelächter.

Im sportlichen Bereich wurden hohe Maßstäbe an die jungen studierenden Fußballer gestellt. Der damalige Präsident Paul Märzheuser, der das Amt von 1970 bis 1981 ausübte, hielt eine denkwürdige „Kabinenpredigt". Vor dem prestigeträchtigen Derby im November 1973 gegen den FC Schalke 04 betrat Märzheuser die Umkleidekabine der Meidericher. Dieser begann seine Ansprache mit den Worten, er stehe vor ihnen wie Lord Nelson vor der Schlacht um Trafalgar und erwarte von jedem Spieler, dass er seine Pflicht leiste. So eine ungewöhnliche Rede haben wohl viele Spieler nie wieder von einem Vereinsoffiziellen gehört. Zu ihrem Glück gewann die Mannschaft gegen die Schalker mit 2:0.

Den älteren Anhängern des Vereins sind die legendären Heimspiele gegen Bayern München heute noch sehr gut im Gedächtnis. „Die Bayern waren unser Spezialgegner", stellt Klaus Dings, langjähriges Mitglied des MSV-Fanclubs „Die Zebras", fest. In der Tat spielten sich im Wedaustadion unglaubliche Szenen ab. Die

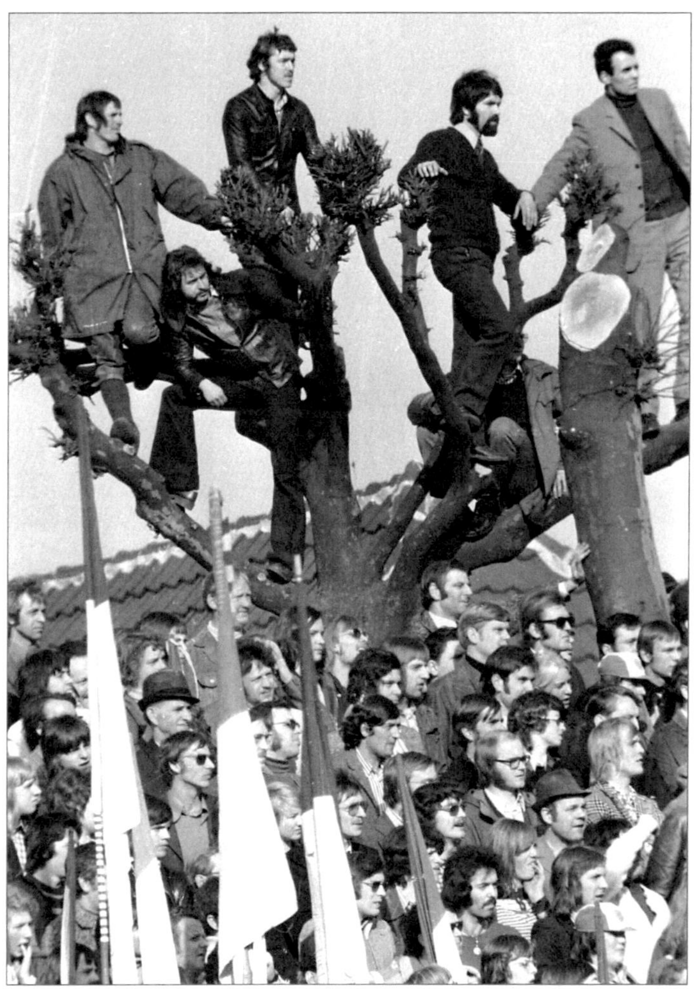

MSV-Fans mit zeitgemäßen Frisuren beim Heimspiel gegen Bayern München im Frühjahr 1973. Foto: Horst Müller Pressebilderdienst

Truppe um Abwehrchef Dietz fegte die Münchener 1972 mit 3:0 und vier Jahre später 5:2 aus dem Stadion. Insgesamt verloren die Duisburger in 10 Jahren nur zwei Heimspiele gegen die Bayern.

Dabei feuerten die Anhänger des MSV regelmäßig Bayern Münchens Torwart Sepp Maier an. „Die Duisburger Fans, die hinter dem Tor von Sepp Maier standen, forderten ihn zum Tanzen auf. Er kam den Bitten nach und tanzte in seinen breiten Torwartshorts vor der Fankurve. Diese lustigen Szenen habe ich heute noch vor Augen. Die Stimmung war dann natürlich auf dem Siedepunkt“, berichtet Klaus Dings von seinen Stadionbesuchen in den 1970er-Jahren.

Für die Spieler des MSV waren die Begegnungen gegen die Bayern nicht nur eine sportliche Herausforderung, sondern auch in finanzieller Hinsicht stets interessant. Regelmäßig setzte das Präsidium als weiteren Ansporn erhöhte Siegprämien aus. Im März 1973 verdoppelte der Duisburger Präsident Märzheuser die Prämie von 1.000 auf 2.000 DM. Voller Stolz nahmen die Akteure nach einem 2:0-Sieg gegen die Münchener das Geld entgegen. Nur eine Woche nach dem Triumph holten sich die Meidericher jedoch eine 0:4-Schlappe beim Reviernachbarn und Tabellenletzten Rot-Weiß Oberhausen ab. Der Präsident wütete, die Mannschaft sei eine Schande für Duisburg. Die Spieler mussten eine Geldstrafe von 500 DM an den Verein zahlen. Das Strafgeld wurde ihnen aber nach Einschaltung der Gewerkschaft ein halbes Jahr später zurückerstattet.

Der absolute Höhepunkt der Auseinandersetzungen des Underdogs mit dem Rekordmeister und deutschen Aushängeschild fand am 5. November 1977 statt. An diesem Samstagnachmittag waren viele Zuschauer im gut gefüllten Stadion unzufrieden und begleiteten ihre Mannschaft mit Pfiffen in die Halbzeitpause. Die Duisburger lagen 1:2 zurück. In der zweiten Hälfte des Spiels veränderte sich die Atmosphäre schlagartig. Bernard Dietz wirbelte die Bayern-Elf fast im Alleingang durcheinander. Er hatte nicht nur seinen Gegenspieler Karl-Heinz Rummenigge bestens unter Kontrolle, sondern schoss insgesamt 4 Tore. Kees Bregman, dem Libero des MSV Duisburg, rutschte bei jeder offensiven Aktion vom Mannschaftskollegen Dietz das Herz in die Hose, fehlte er doch nun in der Abwehr. „Dieses Spiel war berauschend und sicherlich ein Höhepunkt meiner Karriere“, fasst Bernard Dietz die Begegnung zusammen. Die „Zebras“ gewannen am Ende verdient mit 6:3 Toren. Aufgrund dieses Spiels wurde in der Boulevardpresse aus MSV Duisburg nun der „MSV Dietzburg“.

Neben den Seriensiegen gegen den FC Bayern konnte der MSV weitere Erfolge feiern. In den Jahren 1975 und 1978 qualifizierten sich die Duisburger für den UEFA-Cup. In der Saison 1978/79 wurden die „Zebras“ erst im Halbfinale vom späteren Cup-Gewinner Borussia Mönchengladbach gestoppt.

Die Zeit beim MSV Duisburg war für Bernard Dietz wie auch Klaus Wunder die erfolgreichste ihrer Karriere. „Ennatz“ Dietz blieb seinem Verein 12 Jahre lang treu, bevor 1982 für den Spätherbst seiner Karriere zu Schalke 04 wechselte. Klaus Wunder spielte später für Bayern München, Hannover 96 und Werder Bremen. Hannes Linßen zog es nach Köln. Er absolvierte 344 Spiele für Fortuna Köln, trainierte die Mannschaft danach lange Jahre, und fungierte Ende der 1990er-Jahre als Sportdirektor beim Stadtrivalen 1. FC.

Im Jahr 2011 erreichte der MSV sogar das DFB-Pokalendspiel. Dies ging zwar gegen Schalke 04 verloren, doch die Anhänger bewiesen im Berliner Olympiastadion Größe. „20.000 MSV-Fans feierten trotz der 0:5-Niederlage. 15 Minuten vor Schluss hat kein Zebra-Anhänger mehr gesessen. Wir standen alle hinter der Mannschaft und sorgten für eine einmalige Gänsehaut-Atmosphäre“, erinnert sich MSV-Anhänger Klaus Dings gerne an diesen Tag zurück.

Das neue, moderne Stadion ist mit vielen Sitzplätzen ausgestattet und voll überdacht. „Auch die Stimmung ist besser als im alten, windanfälligen und nur teilweise überdachten Wedaustadion“, erklärt Klaus Dings. Der 51-Jährige denkt an seine Jugend zurück, als die Zuschauer bei „ihrer“ Verkäuferin die Eintrittskarte bezogen und dann ihren Stammplatz einnahmen. Die Stahlarbeiter trafen sich beispielsweise an der alten Uhr auf der Südkurve. Heute geht dieser familiäre Flair etwas verloren.

Im Sommer 2013 schockten Medienmeldungen einer drohenden Insolvenz alle MSV-Anhänger. Erst in allerletzter Sekunde wendeten die Verantwortlichen den finanziellen Kollaps ab. Die Zukunft des Vereins stand auf des Messers Schneide. Lizenzentzug, Trainerwechsel, Abgänge von fast allen Spielern; Funktionäre und Fans wähnten sich am Abgrund. Doch die Duisburger standen zusammen. Mit neuem Trainer, ausgewechselter Mannschaft und einer Lizenz für die 3. Liga strömten am 20. Juli zum Saisonstart gegen den 1.FC Heidenheim fast 20.000 Anhänger ins Stadion. Ein unglaublicher Treuebeweis der Fans.

Bernard Dietz ist immer noch für den MSV tätig. Auch in diesen schwierigen Zeiten steht er zu seinem Verein. Er bringt seine jahrelange Erfahrung im Fußballgeschehen als Talent-Scout der Jugendabteilung ein, ist Berater des Vorstandes, Verwaltungsratsmitglied und besitzt die Ehrenmitgliedschaft des Vereins. Nach ihm ist das Maskottchen des Vereins, das Zebra „Ennatz“ benannt. Vom jungen Fußballtalent in der Landesliga zum gefeierten Europameister hatte es gerade einmal zehn Jahre gedauert. Heute präsentiert sich „Ennatz“ Dietz so bodenständig wie zu seiner Zeit beim Spielverein Bockum-Hövel, damals noch ohne Auto und Führerschein. „Die Führerscheinprüfung habe ich dann recht schnell absolviert, weil ich immer sehr heimatverbunden war, und es mich oft nach Bockum-Hövel zog. Uli Hoeneß hat mir dann auch später ein Auto besorgt“, schmunzelt Dietz.

Sportfreunde Hamborn 07

Als der Schuster die Löwen besohlte und das erste Live-Spiel der deutschen Fernsehgeschichte

Wenn auf jemanden in Hamborn der Beiname „Urgestein" zutrifft, dann auf Kurt Weitauer. Seit 1946 bilden die Sportfreunde Hamborn 07 seine sportliche Heimat. In den Nachkriegsjahren schlossen sich viele Kinder und Jugendliche aus dem Duisburger Norden dem Fußballclub mit den schwarz-gelben Vereinsfarben an. Der Fußballsport bot eine der wenigen Freizeitbeschäftigungen.

Kurt Weitauer wuchs in einer Zechenkolonie auf. „In meiner Kindheit spielten wir von morgens bis abends Fußball. Stundenlang ging dies so. Oft bolzten wir barfuß. Als Spieleinsatz und Siegprämie dienten uns Knirpsen Obst von den Bäumen der Umgebung, größtenteils Äpfel oder Birnen. Derjenige, der einen Ball besaß, war ein König", berichtet er. Im Fußballverein eiferten die Heranwachsenden ihren Vorbildern aus der 1. Mannschaft der Sportfreunde nach. Damals hielten die Trainer allerdings noch nichts von modernen Ernährungsprogrammen heutiger Prägung. „Trinken verboten", hieß es auch an heißen Sommertagen nach Trainingseinheiten und Punktspielen häufig. Die Übungsleiter kontrollierten penibel, dass ihre Spieler möglichst wenig Flüssigkeit aufnahmen. Zu trinken galt damals noch als leistungshemmend. Die Heimspiele der 1. Mannschaft im alten Sportplatz an der Buschstraße, bei denen sie gern zusahen, erreichten die Jugendlichen zu Fuß. „Zu vielen Auswärtsspielen fuhren wir in einem offenen LKW", erinnert sich Kurt Weitauer.

Eine große Portion Improvisationstalent mussten die Trainer und Spieler im Winter aufbringen. Eine Flutlichtanlage existierte nicht. Kurzerhand haben die Übungsleiter zu Kurt Weitauers Jugendzeiten zu Phosphorfarbe gegriffen und den Fußball damit eingeschmiert. In der Dunkelheit leuchtete das Leder. Kleine Funzeln am Rande des Ascheplatzes an der Buschstraße gaben dazu zwar nur ein spärliches Licht ab, doch ein Training war zumindest möglich.

An Einfallsreichtum mangelte es den Vereinsverantwortlichen nie. In den Nachkriegsjahren stand ein Freundschaftsspiel der 1. Mannschaft gegen den marokkanischen Club mit dem wohlklingenden Namen „Union Sportive Marocaine de Casablanca" an. Die Hamborner freuten sich auf die Begegnung mit dem international bekannten Verein. Die Erwartungen stiegen noch, als bekannt wurde, dass der damalige Star Ben Barek, ein dribbelstarker, offensiver und technisch versierter französisch-marokkanischer Nationalspieler auflaufen sollte. Nun ging es den Sportfreunden darum, möglichst viele Zuschauer aus der Umgebung für die Begegnung zu begeistern. „Uns Jugendspielern wurde gesagt, dass wir bei einer Reklame-Aktion für das Freundschaftsspiel mitmachen sollten. Ich staunte nicht schlecht, als ich mein Gesicht schwarz angemalt bekam. Meinen Mannschaftskameraden erging es genauso. Dann stiegen wir auf einen offenen Lastwagen, fuhren los und machten auf das besondere Spiel gegen die Mannschaft aus Nordafrika aufmerksam", schmunzelt Kurt Weitauer. Ben Barek spielte dann allerdings doch nicht in Hamborn mit.

Einige Jahre später, am zweiten Weihnachtstag 1952, war Eigenwerbung und Einfallsreichtum des quirligen Vereins für ein Fußballspiel nicht notwendig. Der Duisburger Vorortclub stand von allein im Zentrum des Mediengeschehens. Der Nordwestdeutsche Rundfunk (NWDR) hatte einen Tag zuvor seinen Fernsehbetrieb aufgenommen. Nun strahlte er die erste Liveübertragung eines Fußballspiels in der noch jungen Geschichte des deutschen Fernsehens aus: Die DFB-Pokalpartie zwischen dem FC St. Pauli und den Sportfreunden Hamborn 07 stand auf dem Sendeplan. Nur etwa 4.000 Haushalte besaßen zu dieser Zeit ein Fernsehgerät.

„Ich sah das Spiel damals in Marxloh auf der Weseler Straße. Um das Schaufenster eines TV-Geschäftes hatte sich eine Menschentraube gebildet, die das Geschehen am Fernsehgerät verfolgte. Der Bildschirm hatte das Format eines großen Buches. Trotzdem waren alle gespannt. Wenn die Straßenbahn vorbei fuhr, mussten wir immer zur Seite springen, weil die Zuseher in mehreren Reihen vor dem Geschäft standen“, erinnert sich der damalige Jugendspieler der Sportfreunde, Kurt Weitauer an diese besondere Situation. Am Ende setzte sich die Elf aus dem Duisburger Norden, nach der im alten Stadtwappen befindlichen Raubkatze oft nur „Hamborner Löwen“ genannt, in einem packenden Spiel am Hamburger Millerntor mit 4:3 durch und zog ins Viertelfinale des Pokalwettbewerbs ein.

1954 begann für den damals 18-jährigen Kurt Weitauer das „Abenteuer“ in der 1. Mannschaft der Sportfreunde Hamborn. Die Hamborner gaben in jenen Jahren vielen Heranwachsenden eine Chance in der 1. Mannschaft. Im Sommer 1954 konnte Weitauer sein Debüt in der Hamborner Elf im neuen August-Thyssen-Stadion feiern. Direkt angrenzend lag das Areal der Thyssen-Hütte, die den Verein finanziell unterstützte. Die gerade beendete Fußball-Weltmeisterschaft in der Schweiz beeinflusste die Hamborner Elf in der Wahl ihrer Fußballschuhe. Adolf „Adi“ Dassler hatte zuvor die Schraubstollen entwickelt, und somit zur Standfestigkeit der deutschen Nationalspieler beigetragen. Das sollte den Kickern der „Hamborner Löwen“ nun auch als Vorteil dienen. Kurzerhand erhielten die Spieler das neue Schuhwerk. Der Novize Weitauer war einen anderen Umgang mit Fußballschuhen gewohnt. „Meistens hatte uns ein Schuster zu den Spielen begleitet, der Nägel in die Sohle hämmerte, um für einen besseren Halt auf dem Fußballplatz zu sorgen. Brachen die Nägel ab oder waren verschlissen, wurde mit Zange und Hammer nachgebessert und ausgetauscht“, erinnert sich der damalige „Junglöwe“ Weitauer. Die Besohlung der Löwen konnte nun mit der Nutzung der Schraubstollenschuhe auf eine professionelle Basis gestellt werden.

In der Anfangszeit im neuen Thyssen-Stadion mussten sich Kurt Weitauer und Co. noch in Räumlichkeiten in Stadionnähe umziehen, um dann mit dem Auto zur Spielstätte zu fahren.

Neben neuem Stadion und verbesserter Besohlung hatte sich kurz zuvor, im Jahr 1953, ein neuer Trainer bei den Sportfreunden aus Hamborn vorgestellt. Alexander „Elek" Schwartz, im heutigen Rumänien geboren, trainierte bereits die französischen Teams aus Cannes, Monaco und Le Havre. Der international erfahrene Coach brachte frischen Schwung in den Ruhrgebietsclub. Die Spieler verehrten den Mann, der als aktiver Fußballer in Rumänien und in der französischen Liga agiert hatte. „Elek" Schwartz führte die „Löwen" schließlich zum Aufstieg in die Oberliga West. Schon 1955 wechselte Schwartz zu Rot-Weiss Essen, wurde „Bondscoach" der niederländischen Nationalmannschaft und führte später Benfica Lissabon mit dem überragenden Eusebio zur Landesmeisterschaft und in das Europapokalfinale.

In den Folgejahren entwickelten sich die Sportfreunde Hamborn zu einer „Fahrstuhlmannschaft". Gehörte der Verein 1947 noch zu den Gründungsmitgliedern der Oberliga West, mussten die „Löwen" bis zur Einführung der 1. Bundesliga im Jahr 1963 insgesamt dreimal den Weg in die Zweitklassigkeit antreten. Doch ab und an ärgerten die Sportfreunde mit Siegen die anderen Reviervereine, so auch den Stadtnachbarn des Meidericher SV (MSV). In der Spielzeit 1959/60 bezwangen die „Löwen" die „Zebras" des MSV sogar mit 3:0 im heimischen Stadion und beendeten die darauffolgende Saison auf einem hervorragenden siebten Tabellenplatz, vier Ränge vor dem Meidericher SV.

Für Kurt Weitauer bleiben die Spiele in der Oberliga West unvergessen. Häufig war die Zuschauerkulisse fünfstellig, die Atmosphäre im August-Thyssen-Stadion einzigartig. Bis 1964 gehörte Weitauer der 1. Mannschaft der Sportfreunde Hamborn 07 an, um später als Trainer wieder zurückzukehren.

In diesem Amt hat ihn Rüdiger Stiemert in den 1970er-Jahren kennengelernt. Das heutige Vorstandsmitglied der „Löwen“ kickte lange Jahre in der zweitklassigen Regionalliga für den Verein und erlernte wie sein ehemaliger Trainer als „Straßenfußballer“ manchen Trick. „Kurt war schon manchmal ein harter Hund“, lacht der ehemalige Mittelfeldakteur. Da muss auch „Löwen“-Urgestein Weitauer schmunzeln. Beide sind mit Leib und Seele dem Verein verbunden und überaus engagiert. Noch immer sind im Verein viele Jugendmannschaften aktiv, derzeit gehören dem Club 16 Teams an. Die modernen Fußballplätze auf dem Areal „Im Holtkamp“ sind auch in der spielfreien Zeit gut besucht. Rüdiger Stiemert hofft, dass sich der Club möglichst lange in der wieder eingeführten Oberliga halten kann. So wie damals, vor 50 Jahren in der Oberliga West, als die „Löwen“ für einige Überraschungen sorgen konnten.

Dem sympathischen Verein aus dem Norden Duisburgs ist jedenfalls der sportliche Erfolg zu wünschen. Engagierte Clubverantwortliche, das passende Schuhwerk und kein „Nagelbrett“ unter den Fußsohlen der „Löwen“ werden gewiss dafür sorgen.

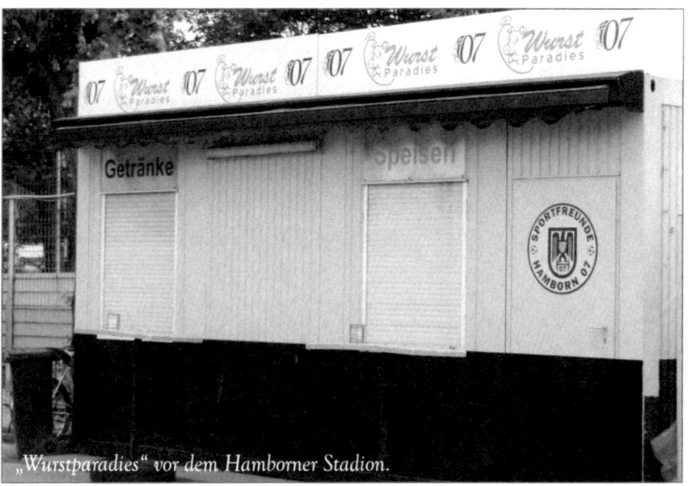

„Wurstparadies“ vor dem Hamborner Stadion.

Essen

Krupp, Kampf und Kultur

Als Friedrich Krupp im Jahr 1826 seine Gussstahlfabrik an den Sohn Alfred übergab, zählte das Essener Unternehmen gerade einmal sieben Mitarbeiter. 61 Jahre später war Alfred Krupp Eigentümer der größten Stahlfabrik der Welt. Fast 20.000 Menschen waren in den Betrieben beschäftigt. In dieser Zeit ermöglichte der technische Fortschritt im Bergbau, in immer tiefere Erdschichten vordringen zu können. Von 1860 bis 1890 wuchs die Einwohnerzahl Essens von 20.000 auf etwa 80.000 an. Rasantes Wirtschaftswachstum und Eingemeindungen ließen die Bevölkerungszahl bis 1910 nochmals auf fast 300.000 in die Höhe schnellen. Somit wandelte sich die Stadt in nur einem Jahrhundert von einem kleinstädtisch geprägten Gebilde in eine der größten Industriestädte in Deutschland.

Die erste Hälfte des 20. Jahrhunderts bedeutete für Essen Not, Leid, Entbehrungen und Kampf. Der Tod der Soldaten im 1. Weltkrieg und Hungersnöte in der Heimat stürzten weite Teile der Bevölkerung in Not und Elend. In den Essener Krupp-Fabriken streikten im Jahr 1917 etwa 40.000 Beschäftigte, um auf die schlechte Lebensmittelsituation aufmerksam zu machen.

Die leidvolle Geschichte der Stadt Essen in den ersten Jahrzehnten des vergangenen Jahrhunderts mündete im Zusammenbruch nach dem Ende des 2. Weltkriegs. Die Hälfte aller Wohnungen war vollkommen zerstört. Unbeschädigt geblieben waren die wenigsten Gebäude.

Der Wiederaufbau kam jedoch schnell in Gang. Bergbau und Stahlindustrie waren die Motoren des Wirtschaftswunders.

Seit der Krise der Kohle- und Stahlindustrie ab den 1970er- und 80er-Jahren durchlebt die Stadt einen wohl beispiellosen

Strukturwandel. War der überwiegende Teil der Bevölkerung bis Ende der 1950er-Jahre in den Zechen, Hochöfen und Stahlwerken beschäftigt, arbeiten mittlerweile rund 80 % der Erwerbstätigen im Dienstleistungssektor. Essen gilt heute als Anziehungspunkt für Kunst- und Kulturinteressierte aus dem ganzen Land. Das Museum Folkwang genießt Weltruf. Die Philharmonie überzeugt mit Architektur und Programm. Traditionsreich sind Aalto- und Grillotheater. 2010 durfte sich Essen zudem als Kulturhauptstadt Europas präsentieren.

Agrarisch geprägte Kleinstadt, Industriestadt und Kulturhauptstadt – Essens Geschichte ist rasant und vielfältig. Nicht minder facettenreich gestaltet sich das fußballerische Leben der Stadt. Von Zechenvereinen, Arbeitermannschaften und „Lackschuhclubs“ soll im Folgenden die Rede sein.

Die 1950er-Jahre waren bis heute die erfolgreichste Zeit der heimischen Fußballclubs. 1955 errang die Mannschaft von Rot-Weiss Essen zum ersten und einzigen Mal die Deutsche Fußballmeisterschaft. Schwarz-Weiß Essen feierte den größten Erfolg seiner Vereinsgeschichte und wurde 1959 Deutscher Pokalsieger. Die dritte Größe der Stadt zur damaligen Zeit, die Sportfreunde Katernberg, „ärgerten“ in der zum Mythos gewordenen Oberliga West die ganz großen Clubs des westdeutschen Fußballs. Dieses nicht zuletzt dank Helmut Rahn, genannt „der Boss“, der bei den Sportfreunden zu seiner ganz großen Karriere ansetzte.

ETB Schwarz-Weiß Essen

Als im Sambazug das Bier ausging – 50 Jahre DFB-Pokalsieg des ETB

Es regnet Bindfäden an diesem Spätsommertag im August 2010. Die letzte Vuvuzela ist gerade erst bei der Fußball-WM in Südafrika verstummt, da hat der deutsche Pokalwettbewerb für Nostalgiker einen ganz besonderen Leckerbissen parat. Der Essener Turnerbund Schwarz-Weiß (ETB) ist nach mehr als 20 Jahren wieder auf die große nationale Fußballbühne zurückgekehrt. 1988 hatte der Verein das Achtelfinale des DFB-Pokals erreicht. Heute empfängt der Klub im altehrwürdigen Uhlenkrug-Stadion am Essener Stadtwald den Zweitligisten Alemannia Aachen – zweifelsohne ein Höhepunkt in der jüngeren Vereinsgeschichte der Schwarz-Weißen.

Die 1950er-Jahre waren dagegen reich an besonderen Momenten. Die Mannschaft aus dem Essener Süden gehörte lange Jahre der erstklassigen Oberliga West an. Überrannten die Schwarz-Weißen die Aachener im Frühjahr 1954 noch mit 7:1, käme heute eine Niederlage des Zweitligisten einer Sensation gleich. Doch im Vorfeld des Spiels gibt sich Essens Trainer Dirk Helmig optimistisch, mit einer guten Leistung und etwas Glück eine Runde weiter zu kommen.

Für viele ältere Zuschauer an diesem Regentag sorgt die Vorhersage des Trainers für Wehmut. Gute Leistung gepaart mit ein wenig Glück waren vor 50 Jahren die Wegbegleiter einer Mannschaft, die in ganz Deutschland für Furore sorgte: Der Essener Turnerbund Schwarz-Weiß errang 1959 völlig überraschend den DFB-Pokalsieg. Und auch das Wetter war seinerzeit am Endspieltag kurz nach Weihnachten ähnlich schlecht – Spieler und Zuschauer froren im Kasseler Auestadion bei Eiseskälte. Daran kann sich Horst Trimhold noch gut erinnern. Der damals 18-Jährige absolvierte gerade eine Schriftsetzerlehre, als sein Leben plötzlich eine besondere Wendung nehmen sollte. Er durfte am 27. Dezember 1959 als jüngster Spieler der Essener in Kassel auflaufen.

Die Erzählungen des damaligen Rechtsaußen des ETB lassen die jüngeren Fußballinteressierten in eine andere Welt eintauchen. Erst drei Monate vor dem Endspiel gab der talentierte Youngster sein Debüt in der Oberliga West. Trimhold spielte eine Woche vor Weihnachten beim 5:0-Kantersieg über Westfalia Herne derart überzeugend, dass er überraschend im Pokalendspiel zum Einsatz kommen sollte. So ganz geheuer waren dem jungen Angriffsspieler die damaligen Umstände jedoch nicht. „Da stand dieses wichtige Spiel an, und ich hatte meinen Kumpel Manfred Schmidt aus der Anfangsformation verdrängt. Doch auf der Hinfahrt nach Kassel wurde mir im Zug immer schlechter", erinnert sich der heute in Hanau lebende Horst Trimhold. Vertreter des Ruhrkohlekonzerns und der Vereinsführung sowie ganz wenige Schwarz-Weiß-Anhänger fuhren direkt mit der Mannschaft nach Kassel. Insgesamt waren es nicht mehr als 30 Personen.

Trimholds Nervosität war damals auch einem Mannschaftsbetreuer nicht verborgen geblieben. Kurzerhand verabreichte der ihm ein „Schnäpschen". Geschadet hat das offenbar nicht, wie sich später herausstellte.

Unterstützt wurde die Mannschaft am „dritten Weihnachtstag" des Jahres 1959 von einer großen Fanschar. Die „Schlachtenbummler" kamen an diesem 27. Dezember mit Autos, Bussen und in einem Sonderzug der Bundesbahn nach Nordhessen. „Allein im Sambazug reisten mehrere tausend ETB-ler mit", berichtet Hermann Schiffmann, der damals zu den Bahnreisenden zählte. Am Ziel angekommen, strömten die „Fans" aus dem Sonderzug. Hoch auf einem Baukran in der Nähe des Bahnhofs wehte zur Begrüßung bereits eine Schwarz-Weiß-Fahne. Eine Essener Baufirma war dort tätig.

Der damals 20-jährige Heinrich Odenwald fuhr mit einigen Schlachtenbummlern im vollbesetzten PKW im Auto-Konvoi auf dem Ruhrschnellweg in Richtung Aue-Stadion. „Bereits in Dortmund wurden wir von der Polizei angehalten, aufgefordert das Hupen zu unterlassen und verwarnt. Danach ging es weiter hupend nach Kassel“, sagt er mit verschmitztem Blick.

Die ETB-Anhänger bereuten ihre Anreise nicht. Der auf der Hinfahrt noch so nervöse Horst Trimhold spielte überzeugend, steuerte einen Treffer zum glanzvollen 5:2-Sieg über Borussia Neunkirchen bei und wurde mit 18 Jahren DFB-Pokalsieger. Nach dem 5:0 in der 80. Minute durch Hubert Schieth hatten die ETB-Routiniers in der Mannschaft entschieden, nur noch mit links zu spielen. Die Schwarz-Weißen erhielten in den letzten Minuten der Partie dann auch prompt noch zwei Gegentore. Doch was sollte es? Die Essener fuhren als gefeierter Pokalsieger zurück in die Heimat.

Die Siegprämie betrug 100 DM – aus heutiger Sicht eine lausige Summe, für die mancher Jugendspieler noch nicht einmal antreten würde. „80 DM gingen an meine Eltern, für den Rest lud ich meine Brüder ins Kino ein“, berichtet DFB-Pokalsieger Trimhold heute. Für seinen ersten Vertrag in Essen gab es im Übrigen monatlich 120 DM – brutto.

Die daheimgebliebenen Anhänger des ETB wie Hans Seidel saßen bibbernd vor dem Radio und hörten die Spielberichte in der WDR-Sendung „Sport und Musik“. Der 27. Dezember war ein normaler Spieltag der Oberliga West, das Pokalendspiel lief zeitgleich, und die Berichte aus Kassel wurden als Konferenzschaltung zusätzlich übertragen.

Nach dem triumphalen Sieg schallte es tausendfach „So ein Tag, so wunderschön wie heute“ durch das weite Rund des Aue-Stadions. Der Rückweg zum Bahnhof wurde zum Festzug. „Wir hatten aber ein Problem“, erinnert sich der Essener Hermann Schiffmann, „das Bier im Sonderzug war bereits auf der Hinfahrt ausgegangen.“ Schiffmann und Kollegen saßen stundenlang auf dem Trockenen. Da hatte sein Weggefährte Willi Huckels mehr

Glück. Der reiste im Bus, wo ein Kneipier für das leibliche Wohl gesorgt hatte.

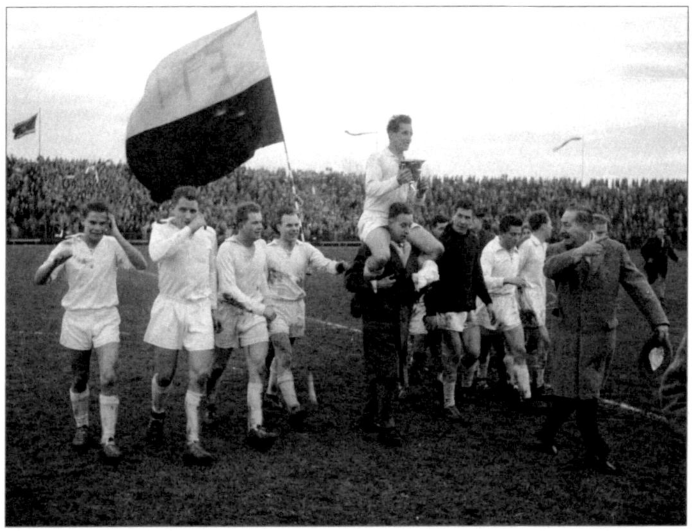

Die Spieler des ETB feiern den Gewinn des DFB-Pokals im Kasseler Auestadion.

Foto: Horst Müller Pressebilderdienst

Zu Hause in Essen wartete man bereits auf die Schlachtenbummler aus Kassel. Die Kneipen waren voll, da viele Fußballanhänger in der Zeit zwischen Weihnachten und Neujahr Urlaub hatten. Auch in der Vereinsgaststätte am Uhlenkrug hatten die Fans inzwischen das scheinbar Unfassbare begriffen und feierten ausgelassen den Pokalsieg. Der damalige Wirt Heinrich Geitz fürchtete zeitweise sogar um sein Mobiliar.

Die Mannschaftsfeier fand allerdings in einem etwas anderen Rahmen als heute statt. Während sich die heutigen Pokalhelden gerne auf dem Rathausbalkonen, bei Fernsehauftritten und zahllosen Banketten feiern, stießen Mannschaft und Begleiter 1959 mit „angezogener Handbremse" im Zug auf den Sieg an. Gefeiert wurde auf der Rückfahrt. Es wurden Schnittchen besorgt, dazu etwas zu trinken. „Ich musste ja am nächsten Morgen früh um kurz nach 7 Uhr im Verlag meiner Arbeit nachgehen, um die Mittwochsausgabe des ‚Kicker' fertigzustellen", erläutert Torschütze Trimhold. Die Kollegen des jungen Lehrlings staunten damals nicht schlecht, als der frischgebackene Pokalsieger tatsächlich bei der Frühschicht auftauchte.

Natürlich hat sich in den vergangenen 50 Jahren vieles rund um den Fußball verändert. Doch einige Dinge scheinen Bestand zu haben. „Fußball funktioniert nicht ohne Flachserei. Die Stimmung in der Mannschaft muss schon gut sein", weiß Horst Trimhold. Die gute Atmosphäre war in der Schwarz-Weiß-Elf von 1959 auf jeden Fall zu spüren. „Es war eine traumhafte Zeit. Die Mischung in der Mannschaft zwischen Alt und Jung hat gestimmt. Wir waren eine tolle Elf". Auch heute noch besteht zwischen den Aktiven von damals Kontakt. Vor drei Jahren trafen sie sich auf Initiative des damaligen Torjägers und heutigen ETB-Geschäftsführers Manfred Rummel zum 50-jährigen Jubiläum des DFB-Pokalsiegs am Uhlenkrug wieder.

Für Horst Trimhold war der Pokalsieg der Beginn einer erfolgreichen Karriere. Der Mittelfeldspieler schoss in 167 Bundesligaspielen für Borussia Dortmund und Eintracht Frankfurt 27 Tore. Unter Bundestrainer Sepp Herberger bestritt er 1962 sogar ein Länderspiel. 3:2 siegte die deutsche Mannschaft mit Wolfgang Fahrian, Karl-Heinz Schnellinger und Friedhelm Konietzka in Zagreb gegen Jugoslawien. Die Ereignisse aus dem Jahr 1959 und die Zeit bei Schwarz-Weiß bleiben dem gebürtigen Essener aber bis heute in ganz besonderer Erinnerung.

Mehr als 50 Jahre später gestalten sich die Ereignisse zwar weniger spektakulär, ein deutliches Ausrufezeichen setzen die Spieler von Trainer Dirk „Putsche" Helmig aber trotzdem. „Wir haben uns super verkauft", resümiert der Ex-Profi dann auch die knappe 1:2-Niederlage gegen den Zweitligisten aus Aachen. Nach dem späten Anschlusstreffer der Essener durch Stürmer Sebastian

Westerhoff – Aachen war in der ersten Halbzeit durch Tore von Marco Höger und Manuel Junglas in Führung gegangen – kommt in den letzten zehn Minuten die sprichwörtliche Pokalatmosphäre am Uhlenkrug auf. Von der alten Tribüne und aus der Südkurve schallen laute Anfeuerungsrufe auf das Spielfeld. Die gut 1.500 Aachener Fans unter den fast 3.000 Zuschauern werden ganz ruhig. Trotz grandioser Paraden von ETB-Keeper Tobias Ritz können die Schwarz-Weißen das Ausscheiden aus dem Pokal letztendlich nicht verhindern. Insgesamt ist die Leistung mehr als ein Achtungserfolg, wenn man bedenkt, dass Schwarz-Weiß keinen einzigen Vollprofi in seinen Reihen hat.

Zutiefst betrübt ist nach dem Spiel niemand. Diesen Auftritt hatte sich die Helmig-Elf zuvor auch redlich verdient. Im Mai hatten sie den Lokalrivalen Rot-Weiss Essen (RWE) in dessen Georg-Melches-Stadion im Finale des Niederrheinpokals überraschend mit 2:1 geschlagen. Für Trainer Helmig, seit 38 Jahren RWE-Mitglied und in den 1980er- und 90er-Jahren in mehr als 150 Zweitliga-Partien für die Rot-Weissen aktiv, war das ein ganz besonderer Triumph. Seit dem Sieg im Niederrheinpokal und dem Spiel gegen Aachen sprechen die Menschen in der Stadt wieder mehr über die „Schwatten", wie man sie in Essen nennt.

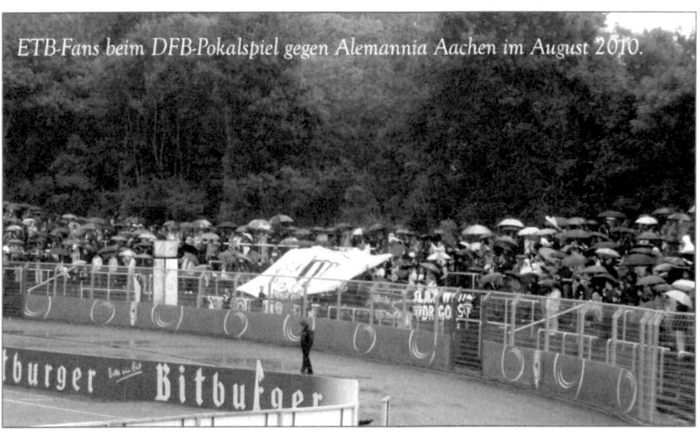
ETB-Fans beim DFB-Pokalspiel gegen Alemannia Aachen im August 2010.

Für die Zukunft setzt sich der Verein am Essener Stadtwald ambitionierte Ziele. „Wir wollen oben mitspielen“, so der Anspruch des Trainers. Die Regionalliga scheint mittelfristig das Ziel. Zu wünschen wäre es dem Club aus dem Essener Süden, dessen Fußballabteilung auch nach der „goldenen Zeit“ in den Nachkriegsjahrzehnten immer wieder Erfolgsgeschichten schreiben konnte. In den 1960er- und 70er-Jahren spielte der Verein lange in der Zweiten Liga. Die vielfachen Nationalspieler Oliver Bierhoff und Jens Lehmann feierten in ETB- Jugendmannschaften ihre ersten Erfolge. Jens Lehmann wurde mit der B-Jugend des ETB 1986 sogar Deutscher Vizemeister. Die Liste der Bundesligaspieler, die beim ETB das Fußballspielen erlernten und später aus finanziellen Gründen wechselten, ist lang. So bildeten beispielsweise von 1975 bis 1977 die fünf ehemaligen ETB-Spieler „Ata“ Lameck, Hannes Walitza, Reinhardt Majgl, Klaus Franke und Holger Trimhold, der jüngere Bruder des „Pokalhelden“ Horst, das Herzstück des damaligen Bundesligisten VfL Bochum.

Heute zeichnet sich der Verein vor allem durch seine gute und kontinuierliche Jugendarbeit und sein starkes ehrenamtliches Engagement aus. „Der Draht zur Mannschaft und zum Vorstand ist kurz. Wir sind hier wie eine große Familie“, kennzeichnet Gerd Krausenbaum, Vorsitzender des Fanclubs die Situation. „So ein Klima gibt es in den Profivereinen nicht.“ Sein Fanclub-Kollege Ludwig Demkowsky genießt die sonntäglichen Fachsimpeleien mit den Spielern in der Vereinsgaststätte. Ab und an reisen die Anhänger sogar im Mannschaftsbus mit zu den Auswärtsspielen.

Und so träumen die treuen Fanclubmitglieder am Uhlenkrug davon, dass der ETB langsam aus dem „Dornröschenschlaf“ wachgeküsst wird. Gerd Krausenbaum bringt diesen Wunsch auf den Punkt: „Wir sind 33 Jahre nicht abgestiegen, aber auch 49 Jahre nicht aufgestiegen. Ein Novum im höherklassigen Deutschen Fußball. Die meisten Anhänger haben noch nie in ihrem Leben einen Aufstieg ihres ETB erlebt. Der Aufstieg muss deshalb einfach irgendwann gelingen."

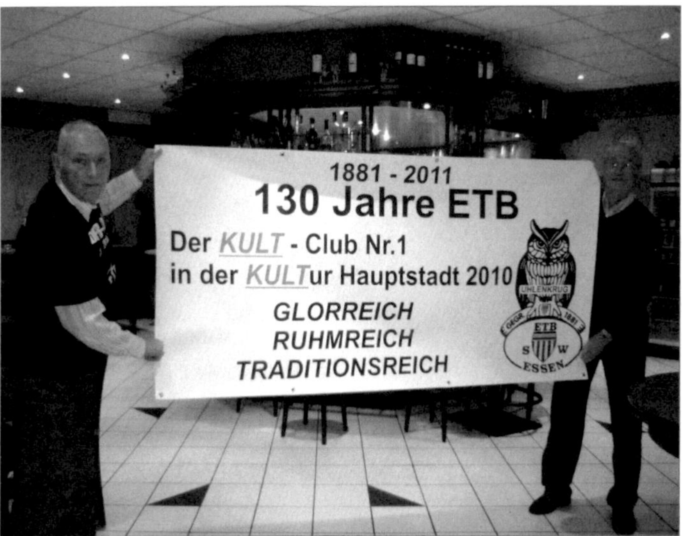

Jubiläumsplakat des ETB-Fanclubs.

Rot-Weiss Essen

Tief fliegende Messer und verflixte Schnürbänder – die wilden Siebziger an der Hafenstraße

Elektrisierend, einzigartig, phänomenal. So beschreiben viele Fußballfans die Atmosphäre im Stadion an der Hafenstraße im Essener Stadtteil Borbeck. Dort bekamen die Zuschauer in den 1970er-Jahren von Rot-Weiss Essen Bundesliga-Fußball zu sehen. Namen wie Manni Burgsmüller, Frankie Mill, Horst Hrubesch, Werner Lorant oder „Ente" Lippens bewegten die Fanseele. Bis zu 35.000 Anhänger pilgerten an die Hafenstraße.

Vor allem leidensfähig mussten vor 40 Jahren die Gegner auf dem Rasen des Georg-Melches-Stadions sein. „Die Westkurve war wie eine Wand", schwärmt Dieter Bast, der damals schon als 18-Jähriger Bundesligaluft bei Rot-Weiss schnupperte. Wie dicht Euphorie, Überschwang und Fanatismus oft beieinander liegen, zeigte der legendäre Messerwurf eines jugendlichen RWE-Anhängers auf Sepp Maier. Das Wurfgeschoss verfehlte den damaligen Nationaltorhüter nur knapp. Aktionen wie diese waren zum Glück aber eine Ausnahme.

Für Dieter Bast, der seine Karriere 1970 bei RWE begann, 1989 auch dort beendete und insgesamt 412 Bundesligaspiele für den VfL Bochum, Rot-Weiss Essen sowie Bayer Leverkusen bestritt, bleibt eine Regenschlacht gegen Eintracht Frankfurt unvergessen. Am Himmel zeigten sich dunkle Wolken, aus denen es an diesem Freitagabend im Oktober 1975 wie aus Eimern goss. Allein das Flutlicht hellte die trübe Herbststimmung auf. „Alles stimmte an diesem Abend. Zwar regnete es unaufhörlich, doch die Fans waren einmalig. Immer wieder peitschten sie uns nach vorne. Wir gewannen durch ein Tor kurz vor Schluss mit 4:3. Ein Highlight meiner Karriere", schwärmt Dieter Bast. Matchwinner dieses atemberaubenden Spiels war Werner Lorant, der später noch als kettenrauchender Trainer berühmt-berüchtigt wurde. Die weiteren Torschützen hießen Willi „Ente“ Lippens und Manfred Burgsmüller.

Uwe Wick, Vereinsarchivar bei Rot-Weiss Essen, erinnert sich an seine ersten Stadionbesuche als Kind und Jugendlicher: „Mein Großvater war Ordner im Georg-Melches-Stadion. Manchmal hatten wir Glück und es gelang, umsonst reinzukommen. So sparten wir das Geld für den nächsten Besuch“. Besonders im Gedächtnis sind dem ehrenamtlichen Archivar die Stars, die man hautnah zu sehen bekam. „Beckenbauer krachte einmal nicht weit von mir entfernt in Werbebande und Zaun“. Der heimische Held hieß damals aber Willi Lippens. Unzählige Anekdoten ranken sich um den technisch versierten Witzbold. Eine Szene hat Uwe Wick noch in ganz besonderer Erinnerung: „Am Rande des Geschehens band sich Lippens seine Fußballschuhe zu. In dem Moment, als der Ball auf ihn zukam, passte er ihn einem Mitspieler zu, und schnürte sich ruhig seine Schuhe weiter.“

Zum Lachen zu Mute war den Fans der Rot-Weissen in den 1970er-Jahren jedoch nicht immer. Der Bundesliga-Skandal sollte für Entsetzen und zu langen Gesichtern in Essen führen. Über 60 Spieler der Bundesliga beteiligten sich an zahlreichen Spielmanipulationen. Zehn Vereine des 18 Mannschaften starken Fußball-Oberhauses waren in den Skandal verwickelt. Obwohl Rot-Weiss Essen „sauber“ blieb und an keiner Manipulation beteiligt war, musste die Elf als Tabellenletzter in die 2. Liga absteigen. Aus dieser Zeit rührt auch das „besondere Verhältnis“ der Fans zu Schalke 04, dessen Team in Spielmanipulationen involviert war. Der Prozess der Schalker vor dem Essener Landgericht, in dessen Verlauf sich die Spieler gegenseitig deckten und über längere Zeit alle Bestechungsvorwürfe bestritten, trug nicht gerade zu einer gesteigerten Beliebtheit der Knappen bei den RWE-Fans bei.

Doch der Bundesligaskandal hatte auch positive Auswirkungen auf die Essener Fanseele. Der Mythos des ehrlichen Clubs, des

„Underdogs“, entwickelte sich. Die Folge war, dass die Anhängerschaft noch mehr zusammenrückte; ein weiterer Grund für die einzigartige Treue der Anhänger zu ihrem Verein. „Hinzu kommt, dass seit jeher ein enger örtlicher Bezug zwischen Fans und Verein bestanden hat. Die Verbindung zum Bergbau ist selbst für Ruhrgebietsverhältnisse enorm eng. Als der Club 1955 die Deutsche Meisterschaft errang, waren wir im Grunde ein reiner Bergbauverein“, weiß Vereinsarchivar Wick.

Heute kicken die Rot-Weissen drei Klassen tiefer, in der Regionalliga. Doch die Treue der Fans zu ihrem Verein scheint trotz aller Widrigkeiten ungebrochen. Im Juni 2010 schien schon alles vorbei zu sein. Der Club musste Insolvenz anmelden. „Zum ersten Spiel danach, in der fünften Liga, erwartete ich vielleicht 3.000 Zuschauer, optimistisch geschätzt“, erinnert sich Oliver Perrey, Redakteur beim Internet-Fanzine „jawattdenn.de“, und seit 1980 Besucher der RWE-Spiele. Es waren mehr als 6.000 Anhänger gekommen. Damals hatte wohl kaum jemand geahnt, dass am 15. April 2011 der Aufstieg bei den Sportfreunden Siegen perfekt gemacht werden sollte. Die Mannschaft begleiteten etwa 4.000 Fans. Fünf Tage später feuerten fast 2.000 Essener ihr Team im Niederrhein-Pokal-Halbfinale bei TuRu Düsseldorf an. Insgesamt pilgerten im Durchschnitt mehr als 7.000 Anhänger in der zurückliegenden NRW-Liga-Saison zu den Heimspielen an die Hafenstraße. „Woher kommt diese einzigartige Treue zum Verein?“, mag sich der interessierte Beobachter fragen. „Die Leidensfähigkeit der RWE-Fans ist enorm“, gibt Oliver Perrey eine Antwort.

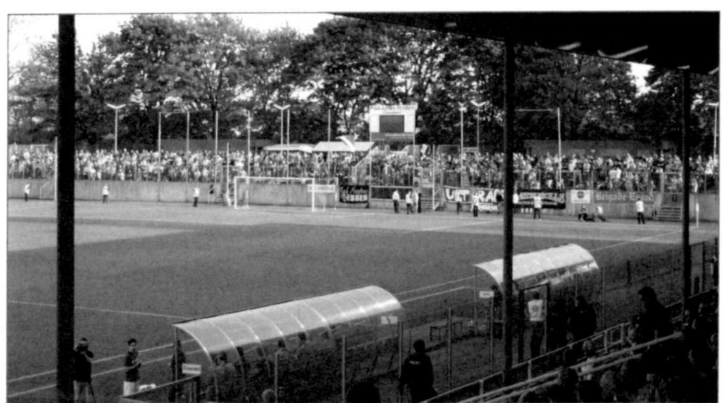

Die Anhänger von Rot-Weiss Essen beim Halbfinale des Niederrheinpokals bei TURU Düsseldorf im April 2011.

Die große Authentizität des Vereins, die stets starke Bindung zwischen Anhängern und Club, der legendäre Erfolg der Deutschen Meisterschaft, der Mythos der „Underdogs“ aus dem Essener Norden, der sich ehrlich seine Meriten verdienen will, und die Geduld der Fans tragen allesamt zur bewundernswerten Treue des Publikums bei. Zusammen ergibt sich ein aus der Tradition und Geschichte heraus entwickelter Gegenentwurf zu so manchen künstlich erscheinenden Clubs der modernen Zeit.

So ganz ohne Zugeständnisse an den so genannten modernen Fußball kommt man aber auch an der Hafenstraße nicht aus. Seit dem Frühjahr 2011 rollten dort die Bagger. Unmittelbar an das Georg-Melches-Stadion angrenzend begann der Neubau. Im Mai 2012 folgten die Abrissarbeiten am altehrwürdigen Stadion. RWE-Fan und Hobby-Autor Oliver Perrey sieht das Projekt differenziert. „Einerseits tut der Abriss schon weh. Andererseits muss der Verein aber zukunfts- und konkurrenzfähig bleiben.“

Zu hoffen ist, dass die einzigartige Atmosphäre des alten Stadions in die neue Heimat herüber schwappt. Die Fans werden ihren Teil dazu beitragen. Soviel ist sicher.

Sportfreunde Katernberg

Der Helmut-Rahn-Zaun im Stadion am Lindenbruch – die etwas andere Fußballwelt

Es war die Zeit, als die Atmosphäre im Stadion „am Lindenbruch" im Essener Stadtteil Katernberg zum Mythos wurde. In den Nachkriegsjahren, bis in die 1950er-Jahre hinein, kämpfte die Mannschaft der Sportfreunde Katernberg aus dem Essener Norden in der höchsten und zweithöchsten Spielklasse um Siege. „Die Zuschauer standen ganz nah am Spielfeldrand. Die Anfeuerung war enorm. Zu Spielen in der Oberliga West setzte eine wahre Völkerwanderung nach Katernberg ein. Die Leute kamen aus allen Richtungen", erinnert sich Hermann Winzler, der 1948 seinen ersten Vertrag als Spieler bei den Sportfreunden unterschrieb. Das erste „Gehalt" erhielt er noch in Reichsmark ausgezahlt.

In den Nachkriegsjahren gestalteten sich die Auswärtsfahrten für die Mannschaft um Hermann Winzler häufig beschwerlich. „Manchmal ging es mit dem LKW in die Städte des Gegners. Darauf waren Bänke montiert, auf denen wir saßen. Mit dabei war oft auch ein großer Kübel. Darin war das Mittagessen für die Mannschaft, dass in einer Großküche für uns zubereitet wurde. Für mehr war ja kein Geld da", erinnert sich der „Sportfreund" Winzler, der dem Verein seit nunmehr über 75 Jahren angehört.

Zunächst kickte die Elf der Sportfreunde auf einem Ascheplatz im Stadion am Lindenbruch. Die Stimmung im Stadion war legendär und von den gegnerischen Mannschaften gefürchtet. Die Anhänger waren „hautnah" dabei. Nur wenige Meter trennten die Spieler von den Zuschauern. Irgendwann konnte das Stadion die Zuschauermassen, welche enthusiastisch die in grün-weiß gekleideten Katernberger unterstützten, nicht mehr bewältigen. Ein Umbau wurde notwendig. Gegen die Mannschaften aus der

Umgebung wurde es oft eng am Lindenbruch. Mehr als 10.000 Anhänger drängelten sich auf den wenigen Stehplatzstufen. 1952 fanden dann fast 25.000 Menschen im ausgebauten Stadion Platz. Finanziell unterstützte die Sportfreunde damals die Zeche Zollverein. Wie so viele Vereine aus dem Ruhrgebiet, etwa dem Sportverein Sodingen aus Herne, war auch dieser Club eine Art „Betriebself" des Bergwerks.

Zudem erhielt die Anlage einen Rasen. Die Asche musste weichen. „Das war eine echte Umstellung für uns Spieler. Der Ball wollte nicht so mitmachen, wie wir das wollten. Wir hatten uns an die Asche so gewöhnt. Im ersten Spiel auf dem neuen Untergrund gegen Borussia Dortmund kamen wir gar nicht zurecht. Die Pässe kamen oft nicht an. Das Leder blieb einfach liegen", witzelt Winzler, der im Jahr 2012 seinen 86. Geburtstag feiert.

Der Lindenbruch verfügte aber noch über ganz andere Eigenheiten. Die Bahntrasse von Köln nach Minden führte direkt oberhalb einer Tribüne des Stadions vorbei. „Die Züge blieben häufig stehen. Aus den Abteilfenstern hinaus sahen die Reisenden uns zu", berichtet Hermann Winzler von den damaligen „Logenplätzen".

Doch der Skurrilitäten im Stadion nicht genug. Der „Held von Bern" und „Katernberger Junge" Helmut Rahn stürmte für die Sportfreunde in der Saison 1950/51. Danach wechselte er zum Nachbarn Rot-Weiss Essen. Einen Teil des Erlöses aus dem Vereinswechsel setzten die Verantwortlichen damals für einen Bretterzaun ein. Der diente an einer Seite des Lindenbruchs als Sichtschutz, da dort viele Besucher von einer erhöhten Stelle aus Einblick auf das Spielfeld hatten und so das Eintrittsgeld sparten.

Die Siege der Sportfreunde Katernberg, die von 1947 bis 1953 mit nur einer Ausnahme der Oberliga West angehörten, feierten die Spieler mitunter im Vereinslokal direkt am Stadion. Bei Bullmanns ging es manchmal hoch her. „Der Zusammenhalt der Mannschaft war enorm. Die Harmonie stimmte. Wir waren ja alle

‚Katernberger Jungs'. Auch der Helmut Rahn kam ja aus Katernberg", berichtet Hermann Winzler.

Der Stern der Sportfreunde aus dem Essener Norden begann leider schon Mitte der 1950er-Jahre zu sinken. 1953 stiegen die Katernberger aus der erstklassigen Oberliga West ab. Heute spielt der Verein in der Bundesliga – allerdings „nur" die Schachabteilung. Die Fußballer sind in der Kreisliga A aktiv. Auch der Rasen ist im altehrwürdigen Lindenbruch wieder verschwunden und der Asche gewichen. Eine Reihe von Jugendmannschaften bevölkert das Stadion. Die meisten der Jugendlichen wissen bestimmt nicht, auf welch traditionsreichem Terrain sie trainieren und spielen. Der Mythos des Katernberger Lindenbruchs wird trotzdem nicht untergehen.

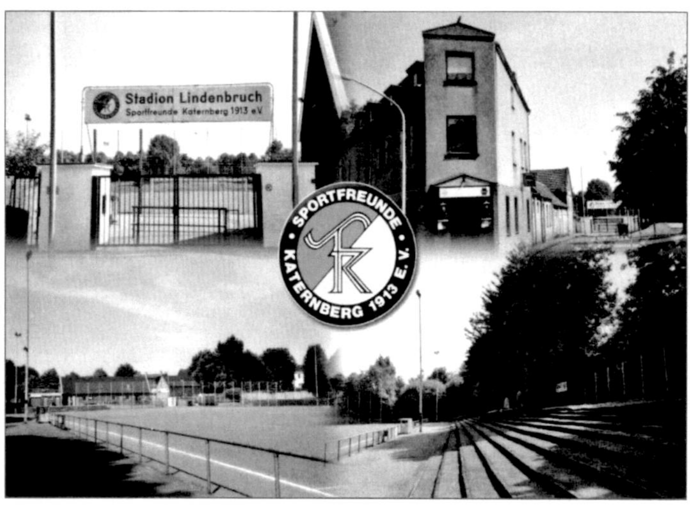

Stadion „Am Lindenbruch" in Essen-Katernberg und Vereinsgaststätte.
Foto: Rudolf Weida

Gelsenkirchen

Stadt der 1.000 Feuer

Vor 150 Jahren lebten in Gelsenkirchen kaum mehr als 1.000 Menschen. Binnen 100 Jahren sollte sich das kleine Dorf zu einer der bedeutendsten Industriestädte in Deutschland entwickeln. In den 1950er-Jahren betrug die Einwohnerzahl fast 400.000. In dieser Zeit prägten die Zechen und die dem Kohlebergbau nachgelagerten Industrien das Stadtbild. Den Beinamen „Stadt der 1.000 Feuer" erhielt Gelsenkirchen aufgrund der Tatsache, dass das überschüssige Gas aus den Koksöfen „abgefackelt" wurde. Die rasante wirtschaftliche Entwicklung sorgte für einen enormen Bedarf an Arbeitskräften. Dieser konnte zunächst noch durch Menschen aus der näheren Umgebung gedeckt werden. Gegen Ende des 19. Jahrhunderts jedoch kamen tausende Arbeitssuchende aus den Ostgebieten des damaligen Deutschen Reichs. Nach dem Zweiten Weltkrieg erhielt die Nachfrage nach Arbeitskräften einen weiteren Schub. Nun fanden die „Gastarbeiter" aus Süd- und Südosteuropa Anstellungen auf den Zechen und den nachgelagerten Industriezweigen.

Die unterschiedlichen Zuwanderungsströme ließen und lassen sich auch gut anhand der Mannschaftsaufstellungen des FC Schalke 04 ablesen. Vor dem Zweiten Weltkrieg waren viele Fußballer mit familiären Wurzeln aus Ostpreußen im Club aktiv. Spieler wie Fritz Szepan und Ernst Kuzorra, deren Väter in Ostpreußen geboren waren, zeugten von dieser Entwicklung. Später sollten die Brüder Altintop und Mesut Özil, allesamt Söhne türkischer Gastarbeiter, auf die Migrationsströme in den 1950er- bis 1970er-Jahren hinweisen.

Woher die Menschen auch kamen, über die Jahrzehnte identifizierten sie sich immer mehr mit ihrer neuen Heimat. Eine offene, tolerante Identität mit eigenem sprachlichem Einschlag entstand.

Aus sportlicher Perspektive konnte die Heimatverbundenheit stets beim FC Schalke 04 beobachtet werden. Hervorragende Fußballer, wie Ernst Kuzorra, Rüdiger und Volker Abramczik, Olaf Thon, Hamit und Halil Altintop, Mesut Özil und Manuel Neuer wurden in Gelsenkirchen geboren und feierten mit dem FC Schalke große Erfolge. Weltoffenheit und Heimatverbundenheit sind „auf Schalke" keine Gegensätze.

FC Schalke 04

Der Wahnsinn nimmt seinen Lauf – das spektakulärste Pokalspiel aller Zeiten

An diesem trüben Maiabend des Jahres 1984 war es ruhig geworden im Parkstadion. Beim Anpfiff des DFB-Pokalhalbfinales zwischen dem Zweitligisten FC Schalke 04 und dem großen Favoriten FC Bayern München wenige Minuten zuvor hatten die über 70.000 Zuschauer im ausverkauften Haus noch für eine lautstarke Kulisse gesorgt. Jetzt verstummten viele Anhänger. Die Bayern führten nach zwölf Minuten bereits mit 2:0 durch Tore von Karl-Heinz Rummenigge und Reinhold Mathy. Doch das sollte sich umgehend ändern. Ein unglaubliches Fußballspiel nahm Fahrt auf. Dafür sorgte Schalkes Abwehrspieler Thomas Kruse. Nur eine Minute nach dem 0:2 gelang dem Mann aus Recklinghausen aus wenigen Metern der Anschlusstreffer. „Das Stadion wurde wach“, erinnert sich Kruse. Ein ohrenbetäubender Lärm aus den damals beliebten Gaströten der Schalker Fans legte sich über das weite Rund des Stadions.

An diesem regnerischen Abend stand auch Stefan Barta in der Nordkurve des Parkstadions, wie immer im Fanblock 5. Seit mehr als 30 Jahren hat der fußballbegeisterte Autor des Buches „Mein Parkstadion“ schon mehrere hundert Heimspiele besucht. Dies sollte eines der Aufregendsten werden.
Als kurz nach Thomas Kruses Anschlusstreffer Olaf Thon den Ausgleich zum 2:2 schoss, schien das Stadion zu explodieren. Der erst tags zuvor 18 Jahre alt gewordene Thon ließ dem belgischen Nationaltorwart Jean-Marie Pfaff mit einem platzierten Schuss ins linke Eck keine Abwehrchance. Die blau-weiß gekleideten Fans des S04 waren wie elektrisiert. Doch nur für einen kleinen Moment, denn der junge Michael Rummenigge sorgte mit seinem 3:2 in der 20. Minute wieder für ein Lächeln bei Star-Trai-

ner Udo Lattek. Die „Underdogs“ aus Gelsenkirchen erkämpften sich einige gute Torgelegenheiten, konnten aber vor der Halbzeitpause keinen Treffer mehr erzielen.

Der Zweitligist gab nicht auf. Unermüdlich setzte Klaus Täuber mit dem Spitznamen „der Boxer“ einen schnellen Konter nach dem anderen. Neben dem „Youngster“ Olaf Thon sorgte der damals 36-jährige Bernard Dietz mit seinen scharfen Flanken von der linken Seite für viel Gefahr im Münchner Strafraum.

Nach einer Stunde Spielzeit war es wieder soweit. Die Gaströten im Parkstadion begleiteten den Torjubel von Olaf Thon. Der 1,70 m große Mittelfeldspieler hatte zum 3:3 eingeköpft. Zehn Minuten später schienen die regennassen Anhänger das Stadion aus den Angeln zu heben, als kurz zuvor Peter Stichler die Schalker zum ersten Mal in dieser Partie in Führung gebracht hatte. Doch die nervenstarken Bayern ließen nicht locker. Hans Pflügler schlug eine Flanke weit in den Strafraum der Gelsenkirchener. Artistisch bugsierte Michael Rummenigge per Flugkopfball den Ball über die Linie. Nach Ablauf der regulären Spielzeit stand es 4:4. Unter dem tosenden Jubel der begeisterten Zuschauer konnten sich die Spieler beider Teams nur kurz erholen.

„Die Stimmung im Stadion war damals genau so spektakulär wie das Spiel. Das hatte wohl kaum ein Zuschauer für möglich gehalten, mit dem FC Bayern quasi auf Augenhöhe zu agieren. Im Vorfeld des Spiels ging es nur um die Höhe unserer Niederlage“, fasst Mathias Schipper, Schalkes damaliger Abwehrspieler, zusammen.

Schipper absolvierte an diesem Abend eine überragende Begegnung. Eigentlich voll ausgelastet mit Defensivaufgaben, gelang es ihm immer wieder, wirkungsvolle Impulse für das Angriffsspiel zu leisten. Er „fütterte“ Olaf Thon mit Flanken von der linken Seite. Zweimal bereitete er an diesem Pokalabend Tore für den jungen Thon vor.

Bis zur 112. Minute hielten beide Schlussmänner in einer weiterhin an Torchancen reichen Begegnung ihren Kasten sauber. Doch dann unterlief dem Schalker Torwart Walter Junghans ein

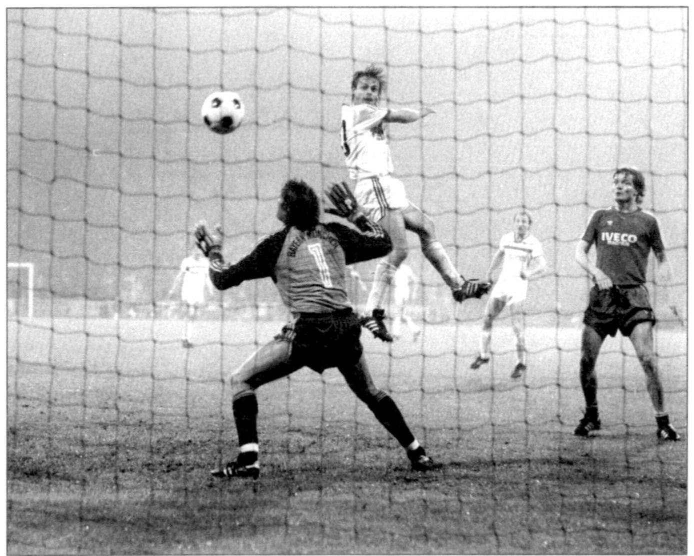

Olaf Thon köpft zum 3:3 ein. Foto: Horst Müller Pressebilderdienst

folgenschwerer Fehler. Kurz vor der Torlinie rutschte er am Ball vorbei. Dieter Hoeneß nutzte die Unaufmerksamkeit und brachte den großen Favoriten Bayern München abermals in Führung. Junghans blieb fassungslos am Boden liegen.

Doch die Mannschaft des FC Schalke gab noch nicht auf. Der „Dauerbrenner" des Spiels, Mathias Schipper, schien kaum zu ermüden. Seine Abwehrarbeit, sein Laufpensum und seine gefährlichen Flanken stellten die Bayern vor große Probleme.

Die Schalker holten die letzten Kräfte aus sich heraus. Allen voran Bernard Dietz. Nach einem Eckstoß gelang ihm mit einem genauen Schuss tatsächlich noch der Ausgleich. Nur noch fünf Minuten waren zu spielen. Doch plötzlich ergab sich viel Raum für Stürmer Dieter Hoeneß. Er lief allein auf den Schalker Keeper zu und schob Walter Junghans den Ball durch die Beine. 6:5 für den FC Bayern. War damit die Entscheidung gefallen? Die letzten Aktionen spielten sich in der Münchner Hälfte ab. Hektisch versuchten die Schalker, sich dem Strafraum zu nähern. Nur noch wenige Sekunden, dann hatten es die Bayern in das DFB-Pokalfinale geschafft. Schiedsrichter Wolf-Günter Wiesel sprach dem FC Schalke einen allerletzten Freistoß zu. Im Durcheinander gelang der Ball im Strafraum der Münchner zu Olaf Thon. Eine Sekunde später war der Ball im Netz. 6:6! Nun brachen im Stadion alle Dämme. Die enthusiastischen Fans in ihren damals so typischen Jeans-Kutten und blau-weißen Kappen und Hüten trugen den kaum volljährigen dreifachen Torschützen Thon auf ihren Schultern über den Platz.

„Ich besuchte 1984 noch die Höhere Handelsschule. Am Tag nach diesem unglaublichen 6:6 war für mich unterrichtsfrei", schmunzelt Schalke-Fan Stefan Barta, der wie viele S04-Anhänger die Nacht zum Tag machte. „Nach dem Unentschieden gegen Bayern München setzte sich bei uns Fans zunehmend das Bewusstsein durch, demnächst in der 1. Bundesliga mithalten zu können", resümiert der damals 21-Jährige.

Nach dieser unglaublichen Pokalbegegnung feierten die Schalker Spieler und Funktionäre noch lange in den VIP-Räumen des Parkstadions. Irgendwann traf dann auch Thomas Kruse zu Hause ein. „Ich konnte überhaupt nicht einschlafen. Auch eine weitere Flasche Bier, die mich mir genehmigte, half nichts. Ich bin wie aufgedreht um den Wohnzimmertisch spaziert, musste erstmal begreifen, was geschehen war. Erst frühmorgens habe ich etwas Schlaf gefunden", blickt Kruse auf die Nacht zum 3. Mai 1984 zurück.

„Ich sage dem Olaf Thon noch heute, mein Anschlusstor sei für unsere Moral viel wichtiger gewesen als seine drei", schmunzelt der 52-jährige Kruse.

Im Zuschauertrubel bahnte sich ZDF-Reporter Rolf Töpperwien den Weg zum Schalker Jungstar. Es sollte ein legendäres Interview werden, das heute bei YouTube bereits über 40.000 Mal angeklickt worden ist. Immer wieder verschwanden der Reporter und der dreifache Torschütze aus dem Bild. Die Fernsehzuschauer konnten Fragen und Antworten nur erahnen. Am Ende des kurzen Interviews hatten die feiernden Anhänger die beiden Gesprächspartner vollends verdeckt.

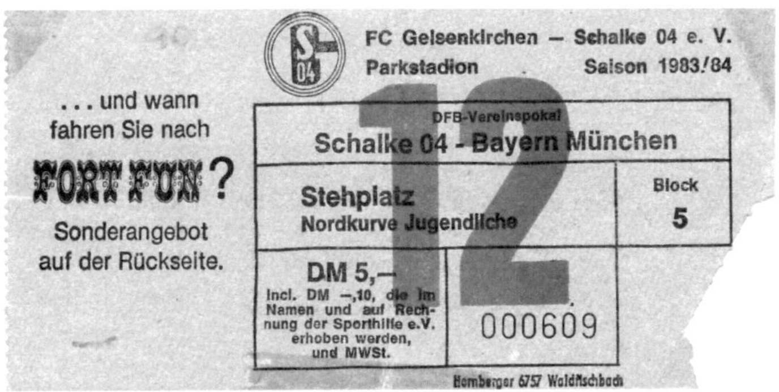

Eintrittskarte des DFB-Pokalspiels Schalke gegen Bayern am 2.5.1984.

Foto: Stefan Barta

Die Regularien des Deutschen Fußball-Bundes sahen nun ein Wiederholungsspiel zwischen den beiden Kontrahenten vor. Es fand eine Woche später im Münchner Olympiastadion statt.

„Wir haben uns damals auf das Spiel am Tegernsee vorbereitet. Mit dem Ruderboot ging es immer zum Trainingsplatz“, schildert Schalkes Thomas Kruse die Tage vor dem wichtigen DFB-Pokalspiel. Lange konnten die Gelsenkirchener die Begegnung offen gestalten. Durch einen tollen Kampf glichen Michael Jakobs und Michael Opitz eine 2:0-Führung des Favoriten Bayern München in der zweiten Halbzeit aus. Bis zehn Minuten vor dem Abpfiff konnten Dietz, Kruse, Schipper und Co. ein 2:2 halten. Dann sorgte Karl-Heinz Rummenigge mit einem Kopfballtor zum 3:2 für den endgültigen Pokal-K.o. der Schalker.

„Immobilienfonds sind eine sichere Anlage. Inflationssicher und steigerungsfähig."
Ich berate Sie gerne über die neuesten Angebote der KAPITAL & WERT Genossenschaft privater Geldanlagen.
Adresse:
Karl-Heinz Rummenigge, Säbener Straße 51, 8000 München

Erbitte Informationsmaterial
Name
Adresse

Olympia-Stadion 1983/84 FC Bayern München
DFB-Pokalspiel
Bayern München - Schalke 04
Stehplatz ermäßigt
DM 5,– incl. 14 % MWSt.
Blöcke
EFGHIJ
NORD
1268 *

Eintrittskarte für das Wiederholungsspiel des Pokal-Halbfinales Bayern gegen Schalke in München. Foto: Stefan Barta

In den 1980er-Jahren unterhielten Anhänger und Vereinsaktive ein enges Verhältnis. Vor den Bundesligapartien wärmten sich die Spieler auf einem Nebenplatz auf. Danach bahnten sie sich einen Weg durch die Zuschauermengen zum Parkstadion. „Obwohl es ein offenes Stadion mit nur einer überdachten Tribüne war, und die Tartanbahn schon einen großen Abstand zwischen Spielfeld und Zuschauern bildete, spürten wir Spieler oft das stimmgewaltige Publikum. Ein ganz besonderes Erlebnis bestand darin, dass wir aus dem Kabinenbereich des Parkstadions über eine Rolltreppe abwärts fahrend in den Innenraum gelangten", beschreibt Thomas Kruse die Besonderheiten von damals.

Der langjährige Anhänger Stefan Barta kann sich noch gut an die „wilden Zeiten" im Parkstadion erinnern. Der Fußballsport besaß noch nicht diese herausragende gesellschaftliche Bedeutung wie heute. Dort, wo es gegenwärtig „schick" ist, ein Fußballspiel zu besuchen, tummelten sich vor 30 Jahren wesentlich weniger Besucher in den Stadien, der Komfort war überschaubar, die Bundesligaspiele oft schlecht besucht.

Zu vielen Fans der Clubs unterhielten die Spieler ein zwangloses und kontinuierliches Verhältnis. „Ich hatte beispielsweise einen engen Draht zu einem Fanclub in Wanne-Eickel. Wir diskutierten bei Fantreffen auch einige private Angelegenheiten. Die Begegnungen spielten sich stets auf Augenhöhe ab“, kann sich Mathias Schipper noch gut an die 1980er-Jahre erinnern. „Ein Mitglied aus dem Fanclub ist noch heute Patientin in meiner Physiotherapiepraxis. Persönliche Kontakte zu den Fans haben wir Spieler immer gepflegt“, weiß Schipper zu berichten.

Thomas Kruse ist dem Ruhrgebiet und dem FC Schalke ebenfalls treu geblieben. Noch heute wohnt er in Recklinghausen. Von Mai bis September tritt er mit Mathias Schipper und anderen Ex-Kollegen wie Klaus Fischer, Matthias Herget und Olaf Thon in der Traditionself des Vereins zu Freundschaftsspielen an. Einmal pro Woche trainieren die „Altstars“ in der Arena auf Schalke.

Aus dem „Underdog“ von 1984 hat sich der FC Schalke zu einem etablierten europäischen Spitzenverein gemausert. Die Auseinandersetzungen zwischen dem FC Schalke 04 und dem FC Bayern München finden heute „auf Augenhöhe“ statt – egal ob in der Liga oder im Pokal.

Herne

Der Inbegriff des Ruhrgebiets

Noch vor 200 Jahren lebten kaum mehr als 500 Menschen in Herne. Der Bergbau ließ die Bevölkerungszahl jedoch rasant ansteigen. Insgesamt elf Zechen prägten das Stadtbild und der weitaus größte Teil der Einwohner lebte vom Bergbau und seinen Zulieferbetrieben. Durch die starke Abhängigkeit von den Bergwerken und der zentralen Lage mitten im Revier wurde die Stadt zum Inbegriff des Ruhrgebiets.

Heute wird in Herne kein Gramm Kohle mehr gefördert. Schon seit 1978 stehen alle Förderbänder still. Die Nachwirkungen des strukturellen Wirtschaftswandels sind nach wie vor spürbar. Etwa 10.000 Menschen in der Stadt sind ohne Arbeit.

Doch Herne lebt. Die Mammutaufgabe „Strukturwandel" wurde und wird angenommen. Logistik- und Gesundheitswirtschaft sowie die Chemieindustrie und der Maschinenbau bilden heute die wichtigsten Eckpfeiler der lokalen Wirtschaft. Wo früher die Kumpel eingefahren sind, laden heute Grün- und Erholungsanlagen zum Entspannen ein. In den letzten Jahren hat sich eine lebendige Kulturszene entwickelt. Nicht zuletzt lockt die Cranger Kirmes, eines der größten Volksfeste in Deutschland, jeden Sommer mehrere Millionen Besucher an.

Eine untrennbare Symbiose mit dem Bergbau bildete früher der Fußballsport. Auch Fußballinteressierte wissen oft nicht, dass die Stadt in den letzten 60 Jahren mit drei Teams auf höchstem Liganiveau aufwarten konnte. Westfalia Herne spielte am Ende der 1950er-Jahre sogar um die Deutsche Meisterschaft und war bis in die 1970er-Jahre immerhin zweitklassig. Ebenfalls in der 2. Bundesliga verweilte der DSC Wanne-Eickel. Und die „Zechenmannschaft“ vom Bergwerk Mont-Cenis, der SV Sodingen, konkurrierte in der höchsten deutschen Spielklasse in den 1950er-Jahren mit der Westfalia um die Zuschauergunst in der Stadt.

Im Gegensatz zum Bergbau, der aus der Stadt verschwunden ist, sind die erfolgreichen Fußballvereine von damals nicht untergegangen. Und wenn sie auch inzwischen einige Klassen tiefer spielen, so ist das Engagement der Vereinsaktiven doch ungebrochen.

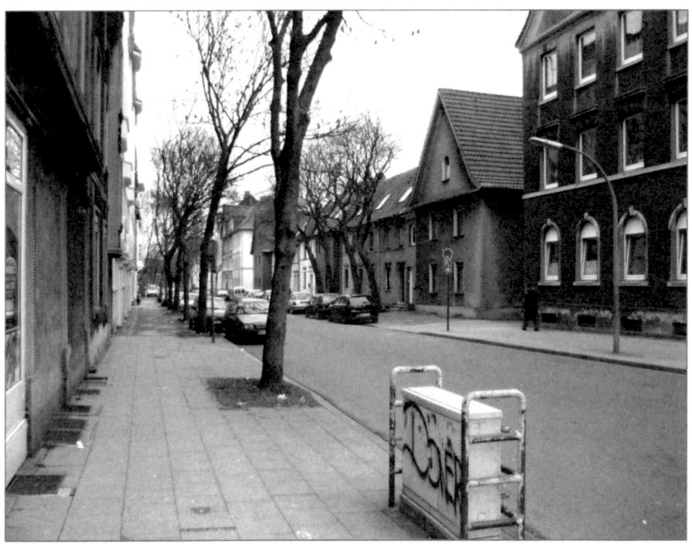

Straßenzug in Herne.

Westfalia Herne

„Fritz, pass auf!" – als in Herne die Regenschirme flogen

Etwas verwunschen liegt es da, das Stadion der Westfalia, in unmittelbarer Nähe zum Schloss Strünkede. Der Fußballnostalgiker kann die erfolgreichen Momente nur erahnen, die sich hier einmal ereignet haben. Auf der imposanten Haupttribüne und den Stehplatztraversen drängelten sich in den 1950er- und 1960er-Jahren oft mehr als 30.000 Besucher.

Die Westfalia hatte zwischen 1958 und 1962 ihre große Zeit. Die Blau-Weißen errangen Spitzenplätze in der Oberliga West und spielten sogar in der Endrunde um die Deutsche Meisterschaft. 1959 beendete der Ruhrgebietsverein die Oberliga West als Tabellenerster, war somit Westmeister und stand erstmals unter den acht besten Mannschaften in Deutschland. Die Elf um den überragenden Torhüter Hans Tilkowski scheiterte jedoch trotz der Heimspielsiege gegen Tasmania Berlin und den Hamburger Sportverein in den Gruppenspielen der Endrunde.

Ein Jahr später qualifizierte sich die Herner Elf erneut für die Endrundenspiele. Wiederum war in den Gruppenspielen Endstation. Dort verpassten die Mannen um Tilkowski sowie die leistungsstarken Offensivkräften Otto Luttrop und Gerhard Clement das Halbfinale nur knapp. Besonders die turbulenten Begegnungen gegen den späteren Deutschen Meister Hamburger SV sind vielen älteren Anhängern von Westfalia Herne noch heute präsent. Nach einem unglücklichen 4:5 beim Karlsruher Sportclub unterlagen die Herner im heimischen, bis auf den letzten Platz gefüllten Stadion am Schloss Strünkede dem HSV mit 3:4. Das Siegtor schoss „uns Uwe" Seeler eine Viertelstunde vor Schluss. Im Rückspiel in Hamburg, damals noch im alten „Stadion am Rothenbaum", schoss Ferdinand Hüser die Westfalia zum 1:0, ehe Uwe Seeler in der zweiten Halbzeit im „Doppelpack“ traf und für den 2:1-Sieg des HSV sorgte.

Fritz Hesse schaut gern auf seine Zeit bei der Westfalia zurück. Zur Saison 1961/62 wechselte der Halbstürmer von Preußen Münster zum damaligen Spitzenteam nach Herne. Er ist immer sehr heimatverbunden gewesen und pendelte deshalb zwischen dem sauerländischen Menden und dem Ruhrgebiet. Die Spieler waren alle berufstätig, so dass nur drei- bis viermal pro Woche ein Training absolviert werden konnte, das es jedoch in sich hatte. Trainer Fritz Langner, genannt der „eiserne Fritz“, verlangte der Mannschaft einiges ab.

Hart ging es nicht nur im Training zu. Auch in den Stadien herrschte oft eine „heiße“ Atmosphäre. Zu einer Auswärtsbegegnung der besonderen Art reiste die Westfalia zum Sportclub Victoria nach Köln. Daran erinnert sich Fritz Hesse noch gut. „An diesem Nachmittag war es brütend heiß. Alle Spieler verausgabten sich. Auch ich war total ausgepowert, hörte noch den Schlusspfiff des Schiedsrichters, dann brach ich zusammen. Zu mir gekommen bin ich erst wieder in der Kabine“. Im wahrsten Sinne des Wortes kämpften die Teams in der Oberliga West bis zum Umfallen.

In den Pflichtspielen wurde oft Fußball „gearbeitet“. Zehn von 16 Vereinen der Oberliga West kamen in der Saison 1961/62 aus Ruhrgebietsstädten. Rivalität, mal mehr, mal weniger ausgeprägt, existierte zwischen den Clubs natürlich auch schon damals. Naturgemäß konfliktträchtig waren die Spiele zwischen der Westfalia und dem SV Sodingen, einem Stadtteil im Herner Osten. Die Derbys zwischen dem großen, oft als bürgerlich titulierten SC Westfalia und dem Arbeiterverein aus dem Vorort, hatten ihre eigene Brisanz. Die Sportanlage des SV Sodingen lag unmittelbar neben der Zeche Mont-Cenis. Eine Begebenheit der besonderen Art erlebte dort Fritz Hesse. Im September 1961 schoss der Halbstürmer der Westfalia den 2:0-Siegtreffer in Sodingen. „Um in die Kabine zu kommen, mussten wir über die Haupttribüne des Stadions. Als ich die Stufen zwischen den Zuschauern heraufging, hörte ich plötzlich einen Mannschaftskameraden rufen ‚Fritz, pass auf!‘. Reflexartig schnellte ich zurück, doch da hatte mich schon ein älterer Sodinger Fußballfreund mit seinem Regenschirm am Kopf erwischt.“

Fast 50 Jahre später, im Februar 2011, war die Atmosphäre weit weniger aufgeladen. Die Treuesten der Treuen fanden den Weg ins Stadion am Schloss Strünkede. Die Spielstätte versprühte den morbiden Charme früherer Zeiten. Der wolkenverhangene, graue Himmel und Temperaturen knapp über dem Gefrierpunkt trugen an diesem Karnevalssamstag nicht gerade zur Stimmungsexplosion der Zuschauer bei.

„Kannze vergessen, Karneval, Schalke spielt, nur wir Bekloppten sind hier“, sprach ein älterer Herr vor dem Spiel wohl vielen der 131 Zuschauer aus dem Herzen. Gegner der Westfalia am heutigen Tag war die zweite Mannschaft des MSV Duisburg. Das bedeutete Abstiegskampf in der fünften Liga.

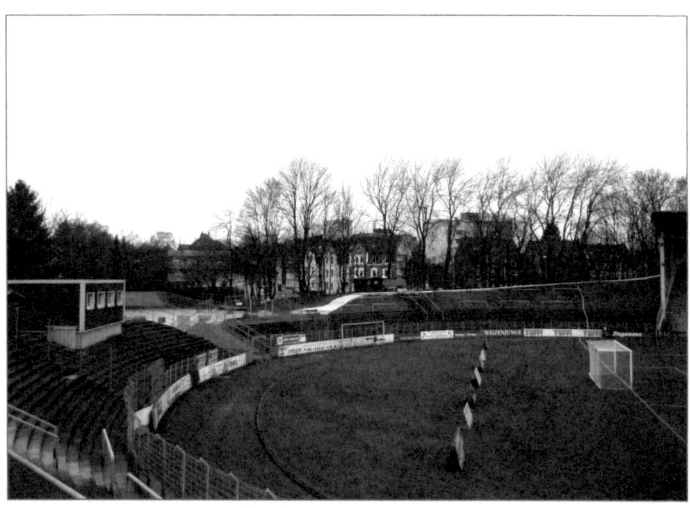

Stadion am Schloss Strünkede in Herne.

Unter ganz anderen Voraussetzungen hatte die letzte Begegnung gegen die erste Mannschaft des MSV am Schloss Strünkede stattgefunden. In der Oberliga-West-Saison 1962/63 kämpften beide Mannschaften um die Qualifikation zur 1. Bundesliga, die ein Jahr später gegründet werden sollte. Damals setzten sich die Meidericher mit 2:1 durch.

Der Auswärtssieg der Duisburger dürfte auch die einzige Gemeinsamkeit zwischen den beiden Partien gewesen sein. Die Reserve des MSV hielt dieses Mal das frühe 1:0 aus der 25. Minute bis zum Ende. Drei Tage später wurde Hernes Trainer Klaus Täuber entlassen. Der Kommentar auf der Internetseite des Clubs beschrieb mit „Aschermittwoch am Schloss" trefflich die Situation im Jahr 2011.

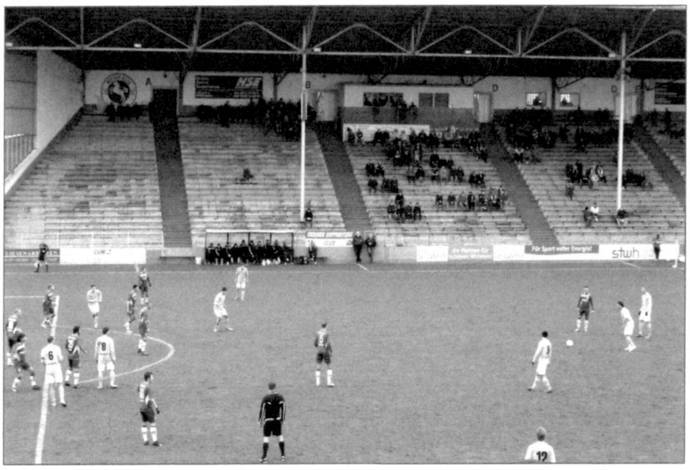

Spielszene zwischen Westfalia Herne und dem MSV Duisburg II.

Die Lage des Clubs schmerzte insbesondere den damaligen Vereinsvorsitzenden der Westfalia, Horst Haneke. Seit über 50 Jahren hing sein Herz an diesem Verein. In Zweitligazeiten war er Manager der Blau-Weißen gewesen, ehrenamtlich. Angesprochen auf die größten aktuellen Schwierigkeiten, musste er tief Luft holen. „Wir sind zwischen den großen Fußballvereinen im

Revier eingekesselt. Dieses und die oft mit den eigenen Spielen kollidierenden Anstoßzeiten in der Bundesliga sorgen für starken Zuschauerschwund. Immer weniger Sponsoren sind zudem bereit, den Amateurfußball zu fördern. Es finden sich auch immer weniger ehrenamtlich Engagierte im Club. Hinzu kommen gestiegene Sicherheitsanforderungen der öffentlichen Verwaltung und der Fußballverbände. Durch verschiedene Ligareformen ist der Verein zweimal ‚abgestiegen'", bedauerte Haneke.

Die Probleme des Vereins sind vielschichtig und bezeichnend für den gesamten Fußballbereich unterhalb der Profiligen. Die Abwärtsspirale aus sinkendem Zuschauerinteresse, Abkehr der Sponsoren und zunehmenden Managementaufwand scheinen nur schwer zu durchbrechen zu sein. Doch es gibt sie, die Lichtblicke, die so manches Mal den freien Fall des Traditionsvereins gestoppt haben.

Bundesweites Aufsehen hat beispielsweise die Verlosung des Stadionnamens der Westfalia erregt. Auch wenn der Gewinner auf die Umbenennung des Stadions am Schloss Strünkede letztlich verzichtet hat, spülte die Aktion im Herbst 2010 rund 30.000 € in die klammen Kassen. Ein Jahr zuvor, im Winter 2009, war die Lage ebenfalls hochdramatisch, als dem Club die Insolvenz drohte. Doch Fans und Firmen standen zu ihrer Westfalia, der Reviernachbar VfL Bochum verhalf mit einem Testspiel am Schloss Strünkede zu weiteren Einnahmen. Insgesamt kamen 35.000 Euro zusammen.

Ein weiterer, viel größerer Nutzen, werde jedoch oft vergessen, betont Haneke: Die soziale Funktion der Fußballvereine im Allgemeinen und von Westfalia Herne im Speziellen. „Wir sind der größte Kindergarten Hernes", stellt Horst Haneke fest. Der Club bietet über 300 Kindern und Jugendlichen eine sinnvolle Freizeitbeschäftigung. Die Trainer und Betreuer vermitteln den Kindern und Heranwachsenden Werte wie Teamgeist, Zusammenhalt und Verantwortung. Politiker sprechen dabei gerne von „sozialem Kitt".

Die Vereinsführung hat mittlerweile gewechselt. Horst Haneke steht dem neuen Duo an der Spitze des Clubs, Sascha Loch und Ulrich Lickes, beratend zur Seite.

Trotz des letzten Platzes in der NRW-Ligasaison 2011/12 fällt der einstmalige „Riese“ der Oberliga West nicht. Die Ligareform mit der Wiedereinführung der Oberliga Westfalen ließ es zu, dass die Westfalia nicht absteigen musste. Krisen haben sie am Schloss schon heftigere überstanden. Nachdem das Unternehmen des damaligen Vereinsmäzens Erhard Goldbach 1979 in die Knie gezwungen worden war, stand der Verein vor dem finanziellen Kollaps. Aufgestanden ist man am Schloss bisher aber immer. Das war seit der Vereinsgründung 1904 so und wird hoffentlich immer so bleiben.

DSC Wanne-Eickel

Nichts ist so schön wie der Mond von Wanne-Eickel – Feierabendfußballer in der 2. Bundesliga

Es ist ein Herbsttag wie aus dem Bilderbuch. Die Sonne scheint durch die farbenprächtigen Bäume. Kinder spielen im tiefen goldgelben Laub. Einen Steinwurf weiter, im Sportpark, beginnt an diesem Sonntagnachmittag im November des Jahres 2011 das Spiel des heimischen DSC Wanne-Eickel gegen den einstigen Bundesligisten SG Wattenscheid 09.

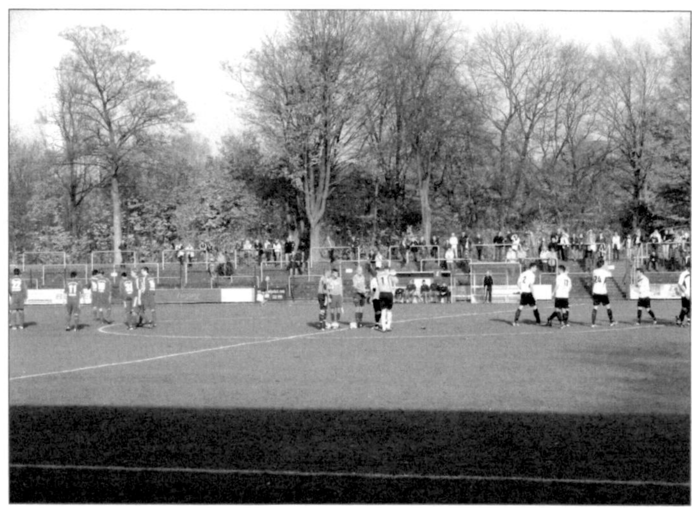

Revierderby in der 6. Liga, DSC Wanne-Eickel – SG Wattenscheid 09.

Familiär geht es zu in der Mondpalast-Arena. Der mondäne Stadionname passt so gar nicht zum beschaulichen Treiben vor der Haupttribüne. Bei Pils, Currywurst und selbst gebackenem Kuchen unterhalten sich die zahlreichen Anhänger der SG Wattenscheid in ihren schwarz-weißen Trikots und Schals mit den heimischen Beobachtern des DSC. An den Buden und im Vereinsheim genießen die Zuschauer die friedliche und gelöste Stimmung. Die Sponsoren „Schreinerei Reichel" oder „Teamsport Philipp" zieren die schwarz-weißen Trikots der Gästefans. „Stadtparfümerie Pieper" ist auf den schwarz-gelben Shirts der Wanne-Eickeler Fußballfreunde zu lesen. Nichts deutet auf die besseren Zeiten beider Clubs in den Bundesligen hin. Damals unterstützte eines der größten Bauunternehmen Deutschlands, die Herner Heitkamp GmbH, den DSC Wanne-Eickel. Klaus Steilmann, Mäzen der Wattenscheider, führte mit seinem Textilunternehmen als finanzielle Basis die SG gar in die 1. Bundesliga.

Auf dem laubbedeckten Rasen der Mondpalast-Arena, der nach intensiven Zweikämpfen in der zweiten Halbzeit immer mehr einer Kraterlandschaft gleicht, erkämpft sich die Heimmannschaft ein 0:0 gegen den Spitzenreiter aus der Nachbarstadt. Nach Spielende setzt auf einmal die Dämmerung ein. Jetzt können ihn die Besucher sehen, den Mond von Wanne-Eickel, den Friedel Hensch in seinem Schlager-Hit 1962 besungen hat. Die Gästefans machen sich auf den kurzen Heimweg, sind doch beide Stadien der Vereine nur sieben Kilometer voneinander entfernt.

Sportlich hat die Führung des DSC die Oberliga Westfalen als Ziel im Visier. „Wir möchten uns in diesem oder im kommenden Jahr für die neu entstehende Oberliga qualifizieren. Dabei wollen wir gerne möglichst viele junge Spieler aus Wanne-Eickel und der Umgebung in die Mannschaft einbauen. Höhere Spielklassen wie etwa die Regionalliga West sind derzeit für uns kein Thema, da wir finanziell dort nicht mithalten könnten", erläutert Manfred Jahnke, der lange die Ämter des 3. Vorsitzenden, des Stadionsprechers und des Pressesprechers bekleidete und nun noch in letzterer Funktion agiert.

Doch nicht nur in sportlicher Hinsicht möchte die Vereinsführung etwas bewegen. Integration von Migranten und eine frühe Bindung von Jugendlichen an den Verein stellen Leitlinien der

Vereinsphilosophie dar. „Wir haben eine sehr große Jugendabteilung in unserem Verein. Die Spieler aus den Seniorenmannschaften leiten für Kinder und Jugendliche in den Schulen und im Stadion Trainingseinheiten. Bei uns sind auch viele Migranten aktiv. Seit Jahrzehnten ist das Miteinander aus verschiedenen Kulturen hier eine Selbstverständlichkeit", berichtet Manfred Jahnke. Eine Integrationsleistung der besonderen Art findet derzeit in der dritten Mannschaft des DSC statt. Weit mehr als die Hälfte der Aktiven ist gehörlos. Zusammen mit Migranten und anderen Hörenden bilden die Spieler eine einzigartige Einheit. Die Mannschaft nimmt am ganz normalen Spielbetrieb teil. Die Schiedsrichter signalisieren ihre Entscheidungen zusätzlich zur Pfeife mit einer Fahne. Auch die anderen Vereine wissen um die Besonderheit der dritten Mannschaft. Bislang ist dieses Projekt ein großer Erfolg.

Der DSC traf auch in der 2. Liga mehrfach auf die SG Wattenscheid 09 und konnte sie schon damals nie bezwingen.

Sonntag, 18. Juni 1978. Gerade hat der heimische DSC den SC Göttingen 05 mit 2:0 geschlagen. Der Aufstieg in die 2. Bundesliga Nord ist sensationell geschafft. Die Spieler können es kaum fassen. An diesem Sonntag läuft im Radio die Sendung „Sport und Musik" im WDR, in der live vom Spiel der Wanne-Eickeler berichtet wird. Anlässlich des phänomenalen Erfolges erklingt der Schlager „Nichts ist so schön wie der Mond von Wanne-Eickel". Das „Abenteuer Zweite Liga" konnte beginnen.

Für Aktive wie Anhänger nahm eine turbulente, unvergleichliche Zeit ihren Anfang. Erst einmal musste das Stadion den Anforderungen der 2. Bundesliga genügen. Der komplette Innenraum wurde umzäunt. Der Bau eines Tunnels, der die angrenzende Sporthalle mit dem Inneren des Stadions verband, schaffte den Aktiven einen direkten Zugang zu den Umkleidemöglichkeiten. Zunächst blieben die Spieler allerdings fast reine Feierabendfußballer. „Ich denke, dass allein etwa ein Drittel unserer Truppe bei unserem damaligen Hauptsponsor, dem Bauunternehmen Heitkamp, angestellt war. Da konnten die Trainingszeiten auch mal flexibler gestaltet werden. Ich selbst war schon damals Beamter und arbeitete in der Personalabteilung der Deutschen Bundespost“, blickt Eckehard Eigenwillig zurück, der für den DSC Wanne-Eickel als Angreifer in der 2. Bundesliga für Furore sorgte. Eigenwillig und seine Teamkollegen trainierten vier bis fünf Mal in der Woche, immer nach Feierabend ab 18.30 Uhr. Bei schlechtem Wetter bat Trainer Günter Luttrop seine Mannschaft in den Park neben dem Stadion, um den Rasen zu schonen.

Früh in der Saison 1978/79 trafen im Herner Stadtderby die beiden Rivalen DSC und Westfalia aufeinander. „Die Auseinandersetzungen gegen Westfalia waren sensationelle Spiele“, schwärmt Eckehard Eigenwillig. Am 7. Spieltag setzten sich die Wanne-Eickeler im Stadion am Schloss Strünkede gegen den heimischen SC Westfalia mit 2:0 durch. Im „Abenteuer Zweite Liga“ sorgten die Spieler um Eckehard Eigenwillig für die erste große Überraschung. Am Ende der Spielzeit feierten Mannschaft und Fans den Verbleib in der Liga. Der Aufsteiger schloss die Saison als 13. der Tabelle ab.

Im Sommer 1979 löste Anton „Toni“ Burghardt den zum SC Herford wechselnden Günter Luttrop ab. Direkt am 1. Spieltag reiste Arminia Bielefeld nach Wanne-Eickel. Die Arminia war aus der 1. Bundesliga abgestiegen und galt als stärkstes Team in der 2. Bundesliga Nord. Otto Rehhagel trainierte die Mannschaft mit dem jungen Torwart Uli Stein. Fast 10.000 Zuschauer drängten sich in der Arena im Sportpark. „Die Zuschauer saßen auf den Bäumen rund um das Stadion. Die Ränge waren überfüllt“, beschreibt Eckehard Eigenwillig die Atmosphäre. Die Wanne-Eickeler begannen das Spiel furios. Norbert Lücke brachte den DSC zehn Minuten vor der Halbzeitpause in Führung. In der zweiten Spielhälfte drängte der Favorit aus Ostwestfalen auf den Ausgleich. Die Heimmannschaft hielt dagegen. Letztlich konnten die Wanne-Eickeler aber nicht verhindern, dass Arminia mit 2:1 gewann. „Otto Rehhagel lobte nach der Begegnung unsere Spielweise und wies darauf hin, dass wir in dieser Verfassung eine sehr gute Saison spielen werden“, erinnert sich Trainer „Toni“ Burghardt an den denkwürdigen Tag.

Wie es Otto Rehhagel vorausgesagt hatte, verlief dann die weitere Spielzeit für den Verein sehr erfolgreich. Der heute 70-jährige Trainer Burghardt begeisterte das Publikum mit einer ebenso offensiven wie kampfbetonten Spielphilosophie. Seine Spieler haben die Taktik vorbildlich umgesetzt. „Ich hatte damals eine tolle Mannschaft. Technisches Vermögen, hohe Laufbereitschaft und Kampfstärke zeichnete die Truppe aus. Die Spieler kamen fast ausnahmslos aus dem Ruhrgebiet. Darauf legte der rührige Sportdirektor Eugen Große-Boymann bei Neuverpflichtungen großen Wert. ‚Isser aus dem Ruhrgebiet‘ fragte er mich immer, wenn ich einen neuen Spieler verpflichten wollte“, lässt „Toni“ Burghardt die Zeit Revue passieren.

Auch die Beziehung von Trainer und Spielern zu den Zuschauern war familiär und eng. „Unser Training besuchten immer sehr viele Menschen. Ältere Herren, Jugendliche und andere Wanne-Eickeler fanden sich im damaligen Sportpark in Wanne ein. Es war ein tolles Miteinander. Ab und zu kam es sogar vor, dass mich Anhänger anriefen und nach der Mannschaftsaufstellung für das Spiel am Wochenende fragten. Das ging mir dann doch etwas zu weit“, lacht Anton Burghardt. Zu Auswärtsspielen reisten Fans und Spieler manchmal gemeinsam. Ab und zu nutzte die Mannschaft die Bundesbahn als Reisemittel. „Wir saßen meist im Speisewagen. In den Abteilen nahmen unsere Fans Platz. Ungezwungen unterhielten wir uns“, berichtet Eckehard Eigenwillig.

Im Frühjahr 1980 allerdings versetzte eine Mitteilung des Vorstands die Vereinsaktiven und Anhänger des DSC Wanne-Eickel in einen Schockzustand. Die Vereinsfunktionäre brachen

das Mannschaftstraining ab und luden zur Besprechung in die Kabine. Sie teilten den Spielern mit, dass sie beabsichtigen, in der kommenden Saison die Lizenz für die Zweite Liga zurückzugeben. Wirtschaftlich sei der weitere Verbleib in der Liga nicht mehr zu schaffen. Der Hauptsponsor hatte angekündigt, sich weitgehend zurückzuziehen. „Die schwerste Zeit in meiner gesamten Tätigkeit als Fußballtrainer begann. Es war sehr mühsam, die Spieler weiter auf höchstem Niveau zu motivieren. Doch sie zeigten auch in dieser Situation Wille und starken Charakter. Wir beendeten die Spielzeit auf einem ordentlichen Mittelfeldplatz. Mir tat es um die Jungs leid, da wir mit Sicherheit in den nächsten Jahren erfolgreich in der 2. Bundesliga hätten bestehen können", resümiert Anton Burghardt.
Viele Spieler aus dem Kader erhielten Verträge bei anderen Profivereinen. Eckehard Eigenwillig wechselte zum Ligakonkurrenten nach Erkenschwick. „Toni" Burghardt trainierte in der Folgesaison Tennis-Borussia Berlin.

Heute lebt Anton Burghardt in Wesel, ist weiterhin sportlich aktiv und genießt seinen Ruhestand. Eckehard Eigenwillig lebt noch immer in Dortmund und hat das Traineramt beim dortigen Rot-Weiß Bodelschwingh inne.

Der DSC Wanne-Eickel konnte an die Erfolge in der Zweiten Liga leider nie wieder anknüpfen. Doch solange der Mond von Wanne-Eickel aufgeht, werden die Lichter hier nicht ausgehen.

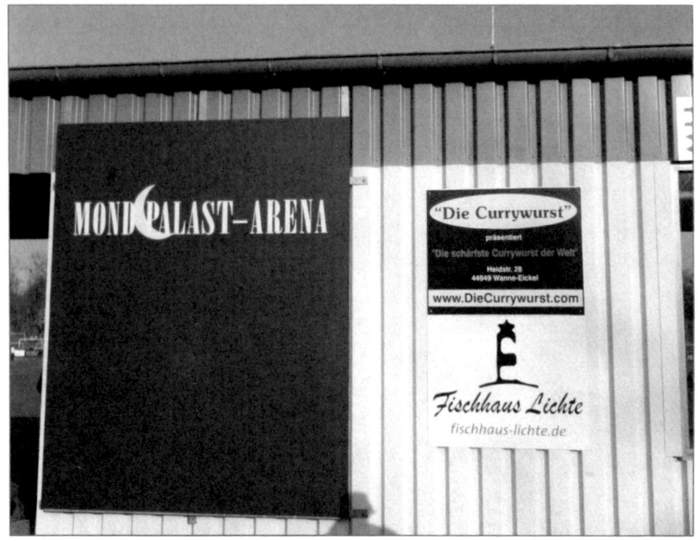

Originellster Stadionname im Ruhrgebiet.

Sportverein Sodingen 1912

Der „Gummimann“ aus Sodingen

Es war ein Fußballwunder. Die sportliche Entwicklung eines kleinen Fußballclubs, des Sportvereins Sodingen (SVS), glich einem Märchen. Die Spieler errangen Erfolg um Erfolg. Die begeisterten Zuschauer im Stadion trauten ihren Augen nicht. Für einige Jahre stand der Herner Vorort Sodingen Kopf.

Alles begann in der unmittelbaren Nachkriegszeit. Viele der etwa 30.000 Einwohner des kleinen Vorortes arbeiteten als Bergleute auf der Zeche *Mont Cenis*. Mehrere tausend Kumpel fanden dort einen Arbeitsplatz. Direkt an das große Zechengelände grenzte der Fußballplatz des SVS an. In den späten 1940er-Jahren handelte es sich um einen einfachen Aschenplatz. Die Spieler, meist Bergleute, jagten Sonntag für Sonntag dem Leder in der Bezirksklasse hinterher. Die große Fußballwelt, die in der Bundesrepublik Deutschland von Vereinen wie Borussia Dortmund oder dem 1. FC Kaiserslautern dominiert wurde, war Lichtjahre entfernt.

Das sollte sich jedoch bald ändern. 1949 erkämpften sich die fußballspielenden Bergleute des SV Sodingen den Aufstieg in die Landesliga. Ein Jahr später gelang sogar die Qualifikation für die 2. Liga West. Der kleine Club aus dem Herner Osten spielte nun zweitklassig. Das war eine Sensation. Für die fußballverrückten Sodinger sollte es noch besser kommen. Im Frühjahr 1952 beendete die Elf des SVS die Spielzeit als Tabellenerster. Der Aufstieg in die höchste Spielklasse war perfekt. Der Sportverein Sodingen stand mit den Mannschaften aus Dortmund, Schalke, Köln und Düsseldorf in der Oberliga West. Die Bewohner Sodingens feierten dieses Ereignis auf ihre Weise. In den Ladenlokalen des Ortes dominierten Schaufensterdekorationen in den grün-weißen Vereinsfarben. Aus den Fenstern hingen Fähnchen und Fahnen. Die Freude in ganz Sodingen war riesengroß.

„Es war eine wunderschöne Zeit", resümiert Alfred Schmidt. Der heute 83-Jährige hütete von den 1940er- bis in die 1960er-Jahre für den Sportverein Sodingen das Fußballtor. 22 Jahre lang blieb er dem Verein treu. Er war entscheidend an den Aufstiegen von der Bezirksklasse bis in die Oberliga West beteiligt. Die Fußballer vom SVS kamen zu einem großen Teil aus dem Ort, zumindest aus der näheren Umgebung. Die Einwohner und Anhänger kannten die Spieler als Arbeitskollegen oder Nachbarn. Zusammen bildeten sie eine eingeschworene Gemeinschaft. Auch „Idole" wie Alfred Schmidt oder die späteren Nationalspieler Günter Sawatzki, Gerhard „Gerdi" Harpers und Josef Marx blieben bekannte Fußballspieler „zum Anfassen".

Zu den Spielen in der Oberliga West trat der Sportverein Sodingen fast immer als „David" an. Das kleine Bergarbeiterörtchen nahm es mit den großen, traditionsreichen Vereinen aus dem Fußballwesten auf. Da die meisten Vereine in der Oberliga West aus dem Ruhrgebiet kamen und die Anhänger oftmals auch zu Auswärtsfahrten mit der Straßenbahn anreisen konnten, erhielt die Spielklasse den Beinamen „Straßenbahnliga". Dabei trugen die euphorischen Zuschauer mit ihrer tollen Unterstützung oftmals die Sodinger Mannschaft über die 90-minütige Spielzeit. Ganz besonders mochten die Anhänger „ihren" Schlussmann Alfred Schmidt. Er war „einer von ihnen"; der gelernte Schlosser arbeitete jeden Tag Vollzeit im Betrieb, um dann noch zu trainieren. „Damals verfügte unser Stadion noch nicht über Flutlicht. Oft trainierten wir sogar abends im Dunkeln. Nach der harten Arbeit konnte der Tag so ganz schön anstrengend sein", berichtet Ex-Torhüter Schmidt.

Im ersten Jahr in der Oberliga West begeisterte Alfred Schmidt nicht nur die heimischen Anhänger durch seine Paraden. Auch in anderen Städten fielen seine Abwehrkünste auf. Er war drahtig, gelenkig und sehr beweglich, seine Paraden galten bald als legendär. So erhielt Schmidt den Spitznamen „der Gummimann“. Besonders ein Spiel bei Preußen Münster blieb in der Erinnerung des Klasse-Torhüters haften. Die Münsteraner rannten mit „Mann und Maus“ auf das gegnerische Tor an. Ein Schuss folgte dem nächsten auf das Tor des Sodinger Schlussmanns. Doch es war ja „der Gummimann“, der zwischen den Pfosten stand. Ohne ihn hätte der SVS statt 0:2 wohl zweistellig verloren.

Die Reflexe und Paraden des „Gummimannes“ blieben auch dem damaligen Bundestrainer nicht verborgen. 1953 berief Sepp Herberger den damals 24-jährigen Schmidt in den Kader der deutschen Nationalmannschaft. Frohen Mutes fuhr der junge Torwart zu einem Trainingslehrgang der Nationalelf in die Sportschule nach Duisburg. „Wir bekamen vom Deutschen Fußball-Bund einen Lohnausgleich für jeden Tag, den wir trainierten. Vor jedem Lehrgang mussten wir Spieler eine Bescheinigung unseres Arbeitsgebers vorlegen, der bestätigte, dass wir im Betrieb ausfielen. Dann gab es eine Aufwandsentschädigung von 10 DM“, schmunzelt Alfred Schmidt.

In jener Zeit blieb Alfred Schmidt kaum eine freie Minute. „Die Zeit war sehr entbehrungsreich für unsere junge Familie. Fast alles drehte sich um den Fußball und den Beruf. Das war schon recht hart“, erinnert sich Helga Schmidt, die Ehefrau „des Gummimanns“. Doch viele Ereignisse entschädigten für die Mühen, die Familie Schmidt auf sich nahm. „Ich weiß noch, als es in den 1950er-Jahren zum ersten Mal nach Köln ging. Dort stand ein Auswärtsspiel des SVS beim FC an. Von Sodingen aus reisten wir, die Ehefrauen und Familien der Spieler, mit vielen Anhängern aus dem Ort in die Metropole. Mit über 30 Bussen fuhren wir zunächst an den Rhein. Dort tranken wir zuerst einmal Kaffee. Danach steuerten wir das Stadion an. Die Stimmung war ausgelassen. Zum ersten Mal erlebte ich, dass die Sodinger Anhänger geschlossen das Vereinslied sangen und die Mannschaft anfeuerten. Ein unvergessliches Erlebnis!“, freut sich Helga Schmidt heute noch.

Doch es stellten sich für den SV Sodingen und Torhüter Schmidt auch Nackenschläge und Niederlagen ein. Die Spielzeit 1953/54 gestaltete sich sehr schwierig. Nur knapp konnte die Mannschaft den Abstieg verhindern. Alfred Schmidt versuchte, bei der Nationalmannschaft Fuß zu fassen. „Sepp Herberger wies mich bei einem Lehrgang darauf hin, dass ich auch mal den Ball mit links abschießen müsste. Das trainierte ich in den folgenden Wochen und Monaten unermüdlich. Beim nächsten Lehrgang kamen meine Gegenspieler auf mich zu, ich spitzelte den Ball auf meinen linken Fuß und schoss gekonnt ab. Sepp Herberger, der ein sehr sympathischer und kluger Trainer war, lobte mich. ‚Haben`s geübt?' bemerkte Herberger trocken. Ich war etwas stolz", gibt Alfred Schmidt heute zu.

Im Sommer 1953 musste Schmidt einen großen sportlichen Rückschlag hinnehmen. Bei einem Testspiel der deutschen Nationalelf im Augsburger Rosenaustadion hütete er das Tor gegen eine süddeutsche Auswahl. Ein Gegenspieler traf ihn am Kopf. Er musste ins Krankenhaus eingeliefert werden. Von dieser Verletzung erholte sich „der Gummimann" nur sehr langsam. Der Traum, als Nationaltorhüter mit zur Weltmeisterschaft 1954 in die Schweiz zu fahren, verwirklichte sich somit nicht.

Doch für den SV Sodingen und für Alfred Schmidt brachen auch wieder bessere und erfolgreichere Zeiten an. „Besonders heiß umkämpft waren die Spiele gegen Westfalia Herne", erinnert sich der Alfred Schmidt an die Duelle mit dem Nachbarclub. Damals galt die Westfalia als der reichere Verein. Der SVS bildete als kleiner Arbeiterclub den Gegenpol. Zu Beginn der 1950er-Jahre war aber zunächst der SV Sodingen erfolgreicher als der Nachbar aus der Stadtmitte. In der Saison 1954/55 trafen die beiden Vereine erstmals in der Oberliga aufeinander. Sowohl im Hin- als auch im Rückspiel „putzten" die Mannen um Torwart Alfred Schmidt die Westfalia. Im heimischen „Glück-Auf-Stadion" schickten die Sodinger den Gast gar mit 5:2 zurück nach Hause. Im Stadion am „Schloss Strünkede" errang der SVS einen knappen 1:0-Sieg.

Den sportlichen Höhepunkt in der Vereinsgeschichte errang die Mannschaft im Jahr 1955. Als Tabellenzweiter hinter Rot-Weiss Essen beendeten die Sodinger die Spielzeit in der Oberliga West. Damit durfte das Team an der Endrunde um die Deutsche Meisterschaft teilnehmen. Erst einmal mussten sich die Sodinger in einem Ausscheidungsspiel in Ludwigshafen gegen den SSV Reutlingen für die Gruppenphase der erfolgreichsten acht Vereine in Deutschland qualifizieren, das gelang. Den SSV bezwangen die Sodinger mit 3:0. Der kleine Verein stand plötzlich unter den besten acht Mannschaften im deutschen Fußball; ein sensationeller und bis heute einmaliger Erfolg! Nun spielten acht Teams in zwei Vierergruppen um den Einzug ins Finale um die Deutsche Meisterschaft.

Die Gegner des SV Sodingen hießen Hamburger SV, BFC Viktoria Berlin und 1. FC Kaiserslautern. Das Spiel gegen die mit den Weltmeistern von Bern gespickte Elf des 1. FC Kaiserslautern sollte der absolute Höhepunkt der langen Sodinger Fußballgeschichte werden. Schon im Vorfeld des Endrundenspiels verlegten die Verantwortlichen des SVS die Partie in die nahe gelegene Glückauf-Kampfbahn nach Gelsenkirchen. Das Fassungsvermögen des heimischen Stadions reichte nicht aus. Mehr als 50.000 Zuschauer verfolgten schließlich das Spiel. Etwa 80.000 Besucher wollten aber Eintritt erlangen. Der Schiedsrichter musste die Begegnung mehrere Male unterbrechen, weil die Zuschauer dicht an das Spielfeld gedrängt standen und dies immer wieder betraten. Am Ende erkämpften die Sodinger ein respektables 2:2. Leider qualifizierten sich der SVS als Gruppendritter der Endrundentabelle nicht mehr für das Halbfinale um die Deutsche Meisterschaft. Nur ein einziger Punkt fehlte am Ende. Sodingens Ligakonkurrent Rot-Weiss Essen feierte schließlich am 26. Juni 1955 durch ein spannendes 4:3 gegen den 1. FC Kaiserslautern den Deutschen Meistertitel.

In den Folgejahren in der Oberliga West kämpften die Sodinger um „Gummimann" Schmidt meist gegen den Abstieg. Der

Zuschauerzuspruch im kleinen Bergarbeiterort war jedoch ungebrochen. Zu Spielen gegen die „großen Vereine“ aus der Umgebung, wie etwa Schalke 04 oder Borussia Dortmund, pilgerten etwa 30.000 Menschen in das „Glück-Auf“-Stadion.

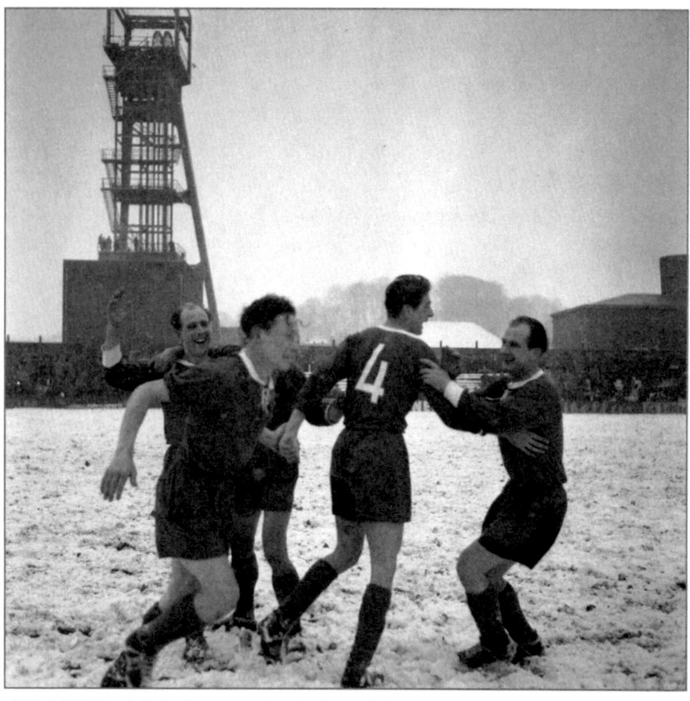

„TOOOR!“ Jubel der Sodinger Spieler beim 5:0-Heimsieg gegen Alemannia Aachen im März 1958. Im Hintergrund: Der Förderturm der Zeche Mont-Cenis.

Foto: Horst Müller Pressebilderdienst

Die erfolgreiche Ära der Erstklassigkeit ging für den SV Sodingen 1962 zu Ende. Immerhin hatte sich der kleine Verein aus dem Ruhrgebiet damit neun Spielzeiten in der höchsten deutschen Spielklasse gehalten.

Im selben Jahr beendete Torhüter Schmidt seine Fußballkarriere. Als aktiver Sportler ist er dem SVS immer treu geblieben. Interessante Angebote von Preußen Münster, dem 1. FC Köln,

Alemannia Aachen und dem FC Augsburg schlug er aus. Alfred Schmidt erlangte die A-Lizenz als Fußballtrainer und war in der Folge als Übungsleiter aktiv. Unter anderem betreute er Jugendmannschaften von Westfalia Herne. Er schulte später aus gesundheitlichen Gründen auf den Beruf des Bankkaufmanns um. Insgesamt war er 20 Jahre lang bei der Herner Sparkasse tätig. Noch heute lebt er mit seiner Ehefrau in Sodingen. „Immer noch sprechen mich einige Sodinger auf meinen Mann an. Als er aus gesundheitlichen Gründen lange nicht mit dem Fahrrad unterwegs war, machten sich die Menschen Sorgen. ‚Wie geht es ihrem Mann, wir haben ihn lange nicht gesehen', hieß es häufig.", erklärt Helga Schmidt.

Heute spielt der SVS wieder in der Landesliga – wie auch 1949, als der sportliche Aufstieg des Vereins begann. Die 100-jährige Geschichte des Clubs lehrt, dass es für große Erfolge besonderer Spieler und eines exzellenten Torwarts bedarf. So einen wie Alfred Schmidt eben. Deshalb bleibt nur, dem SVS viel Glück bei der Suche nach einem neuen „Gummimann" zu wünschen.

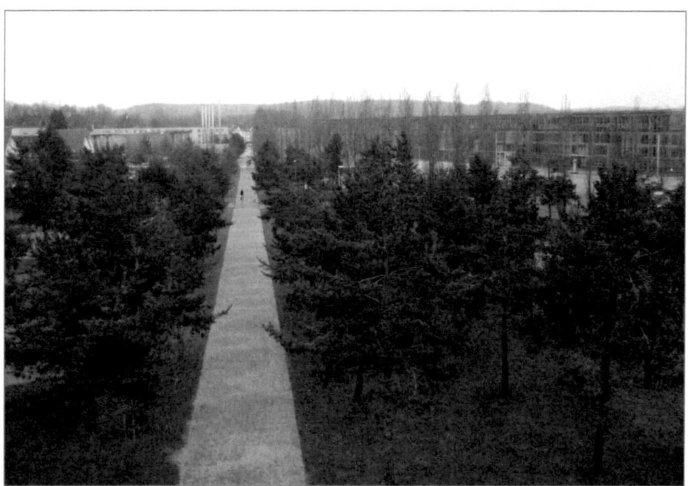

Akademie Mont-Cenis auf dem ehemaligen Zechengelände.

Herten

Vom Dorf zu Europas Bergbauzentrum

Herten liegt im nördlichen Teil des Ruhrgebiets. Umschlossen wird die etwa 60.000 Einwohner zählende Stadt von Marl und Recklinghausen im Norden sowie Gelsenkirchen und Herne im Süden.

Bis zum Ende des 19. Jahrhunderts wies Herten noch eine eher dörfliche Struktur auf. Erst als der Steinkohleabbau im Ruhrgebiet immer weiter in Richtung Norden zog, erfasste die Industrialisierung auch diesen Ort. Im Jahr 1871 lebten in Herten gerade einmal knapp 900 Menschen. Bis zum Ende der 1930er-Jahre wuchs die Bevölkerungszahl auf über 30.000 an. Das kleine Dorf war binnen weniger Jahrzehnte zu einer der größten Bergbaustädte Europas expandiert.

Viele Zuwanderer kamen zunächst aus der Umgebung. Aber die Nachfrage der Bergwerksbetreiber nach Arbeitskräften nahm rasant zu. Daraufhin warben die Arbeitgeber besonders Männer aus Osteuropa an. Einen weiteren großen Bevölkerungsanstieg hatte 1926 die Eingemeindung der Orte Ebbelich, Disteln, Langenbochum und Scherlebeck zur Folge. Erst im Jahr 1936 erhielt Herten das Stadtrecht.

Nach dem 2. Weltkrieg fanden Flüchtlingsfamilien und Vertriebene in der jungen Stadt eine neue Heimat. In den Boomzeiten des Steinkohlebergbaus, in denen drei Zechenbetriebe in Herten ansässig waren, erhielten viele Gastarbeiter aus den südlichen Teilen Europas eine Arbeitsstelle. Die Einwohnerzahl erreichte im Jahr 1970 mit über 70.000 ihren Höchststand.

Heute wird in Herten keine Kohle mehr gefördert. Mit dem Wegbrechen des dominierenden Industriezweigs erreichte die Arbeitslosenquote in den 1990er-Jahren fast 16%. In den letzten Jahren konnte dieser Negativtrend gestoppt werden. Neue Wirtschaftszweige siedelten sich an und auf ehemaligen Industriebrachen entstanden Rekultivierungsflächen.

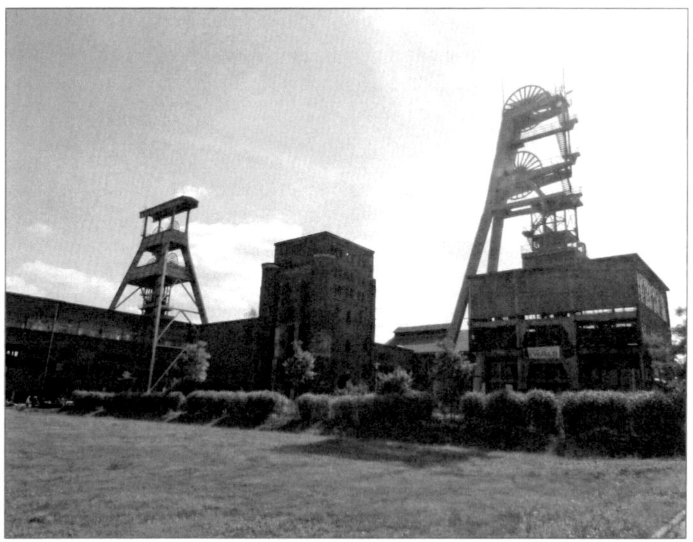

Gelände der ehemaligen Zeche Ewald in Herten.

Spielvereinigung Herten

„Mein Herz ist grün-weiß“ – die erfolgreichen Jahre im „Katzenbusch“

Die Spielvereinigung Herten war über viele Jahre der „Dauerbrenner“ der zweithöchsten Spielklasse. Von 1949 bis 1964 gehörte der Verein der II. Division und später der Regionalliga an. Im traditionsreichen Stadion „Katzenbusch“, das schon in den 1920er-Jahren erbaut wurde, kam so mancher Gegner zu Fall. Hier startete auch Rudi Assauer in den 1950er-Jahren seine Karriere als Fußballer in den Jugendmannschaften der Spielvereinigung. Immer noch tragen die Mannschaften der Spielvereinigung, die mittlerweile zur DJK Spvgg Herten 1907 e.V. fusioniert ist, ihre Begegnungen auf dem ehrwürdigen Rasen des alten Stadions aus.

Nur wenige hundert Meter vom „Katzenbusch“ entfernt wuchs Johann Geiermann auf. Noch heute wohnt der 68-Jährige in unmittelbarer Nähe zum Stadion, er ist nie weggezogen. Auch er jagte als Schüler für die SpVgg Herten dem runden Leder hinterher. Rudi Assauer kennt er noch aus dieser Zeit. 1954 durfte Geiermann sogar ein Vorspiel der 1. Mannschaft bestreiten, und war „stolz wie Oskar“. „Ich habe fast jedes Heimspiel miterlebt. Zu den Spielen in der II. Division kamen immer mindestens 3.000 Zuschauer ins Stadion. Gegen den Wuppertaler SV waren es einmal sogar 16.000“, erinnert sich Johann Geiermann. Auch die Revierderbys, etwa gegen die Spielvereinigung Erkenschwick, den TSV Marl-Hüls oder Rot-Weiß Oberhausen waren gut besucht und durch eine ganz besondere Stimmung geprägt. Wegen der räumlichen Nähe gab es zwischen den Clubs damals schon eine gesunde Konkurrenz. Mitte der 1950er-Jahre kostete der Eintritt für Kinder 30 Pfennig. In Begleitung eines Erwachsenen war der Stadionbesuch umsonst. „So warteten wir am Eingang auf einen Mann ohne Kind. Wir fragten dann, ob dieser uns an die Hand nahm. Vielfach kamen wir auf diese Weise kostenlos ins Stadion", legt Johann Geiermann die Tricks von damals offen.

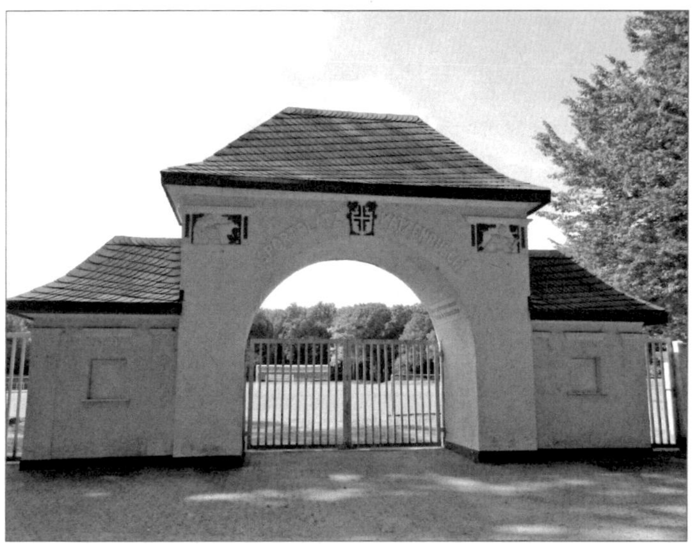

Eingang zum altehrwürdigen „Katzenbusch" in Herten.

„Als Jugendliche haben wir uns vor den Auswärtsspielen oft im Vereinslokal getroffen. Von dort ging es für 60 Pfennig mit Bussen zu den Begegnungen in der Umgebung", schwärmt Johann Geiermann.

1955 sorgten die stets in grün-weiß gekleideten Hertener fast für eine Überraschung. Am Ende der Saison 1954/55 verfehlte die Mannschaft als Vierter nur um einen Punkt den Aufstieg in die Oberliga West. In den folgenden Jahren hielt sich der Verein in der Zweitklassigkeit. Dabei schlossen die Grün-Weißen die Spielzeit nie schlechter als mit Tabellenplatz zehn ab. In der letzten Saison der II. Division West landeten die Hertener gar auf einem hervorragenden 3. Platz, mit nur zwei Punkten Rückstand auf den Erstplatzierten VfB Bottrop.

Turbulent gestaltete sich die Spielzeit 1963/64. Am letzten Spieltag der neu eingeführten Regionalliga West mussten die Hertener beim Reviernachbarn VfB Bottrop im Jahnstadion antreten. Für die Spielvereinigung ging es um Alles. Bottrop stand vor dem Spiel bereits als Absteiger fest. Die Mannschaft der Spielvereinigung konnte sich mit einem Unentschieden oder einem Sieg noch vor dem Abstieg retten. Der direkte Konkurrent vom Gelsenkirchener Verein STV Horst-Emscher stand punktgleich mit den Hertenern aufgrund des besseren Torverhältnisses auf einem Nicht-Abstiegsrang.

Bottrops Klaus Beckfeld schoss den VfB früh in Führung, ehe Rudi Assauer im Gegenangriff für die Spielvereinigung den Ausgleich erzielen konnte. Zur Pause stand es 1:1. Alles war noch möglich. Bis die 90. Minute anbrach. Die Bottroper erhielten einen Handelfmeter zugesprochen, den Paul Baron verwandelte. Die Hertener Elf war kaum zu trösten, denn ein 1:1 hätte zum Verbleib in der Regionalliga gereicht, weil der direkte Tabellenkonkurrent STV Horst-Emscher beim Wuppertaler SV mit 0:1 verlor. Nach 15 Jahren der Zweitklassigkeit musste die Spielvereinigung Herten absteigen.

Doch viele Hertener blieben ihrem Club treu. So auch Johann Geiermann, im Verein nur „Hansi" genannt, der weiter bei den Spielen im „Katzenbusch" mitfieberte. Neben der Spielvereinigung verfolgte „Hansi" Geiermann auch die Karriere von Rudi Assauer weiter, der 1964 zu Borussia Dortmund wechselte. „Ich wuchs ja einige Häuser weiter vom Rudi auf. Mit seinem Vater fuhr ich oft nach Dortmund und schaute mir die Begegnungen des BVB an. Auch später, als Rudi beim SV Werder Bremen unter Vertrag stand, sah ich mir einige Auswärtsspiele von Werder in der Umgebung von Herten an", berichtet das Urgestein der Spielvereinigung.

Seit Hertens Abstieg aus der Regionalliga konnte der Verein nicht mehr an die alten Erfolge anknüpfen. Die Spielvereinigung kämpft derzeit in der Bezirksliga um Punkte. Doch das kann „Hansi" Geiermann nicht schocken. Zu Hause stapeln sich 20 Ordner, in denen er die Vereinsgeschichte aufgeschrieben und Zeitungsartikel gesammelt hat. Er ist quasi das „Gedächtnis" der Spielvereinigung. Zudem engagiert er sich als Abteilungsleiter der Alten Herren/Alte Liga, und hält fast 30 Senioren zusammen. Daneben fungierte er früher als Kassierer, betreute die 2. Mannschaft und spielte aktiv in der Altherrenelf. „Mein Herz ist grünweiß", beschreibt Johann Geiermann seine Beziehung zum Verein. 2014 feiert er seine 60-jährige Mitgliedschaft.

Ein herausragendes Beispiel für ehrenamtliches Engagement zeigen die Vereinsmitglieder beim beliebten Mitternachtscup. Traditionell lädt der Club am Tag vor Silvester zu einem Hallenfußballturnier ein. Zum Teilnehmerfeld gehören neben dem Gastgeber stets Vereine aus der Umgebung mit großer Vergangenheit, wie etwa der TSV Marl-Hüls, Westfalia Herne, die Spielvereinigung Erkenschwick oder Wattenscheid 09. Dann werden Erinnerungen an die alten Zeiten in der Oberliga West oder der Regionalliga wach. 30 bis 40 ehrenamtliche Helfer sorgen für einen reibungslosen Ablauf. Vor teilweise mehr als 1.000 Zuschauern steigt um 24 Uhr das Endspiel. Danach wird gefeiert.

Bleibt zu hoffen, dass die vielen ehrenamtlichen Helfer dem Verein treu bleiben. Vielleicht kann „Hansi" Geiermann ja dann noch den einen oder anderen Zeitungsartikel über Aufstiege in höhere Spielklassen in weitere Ordner einheften.

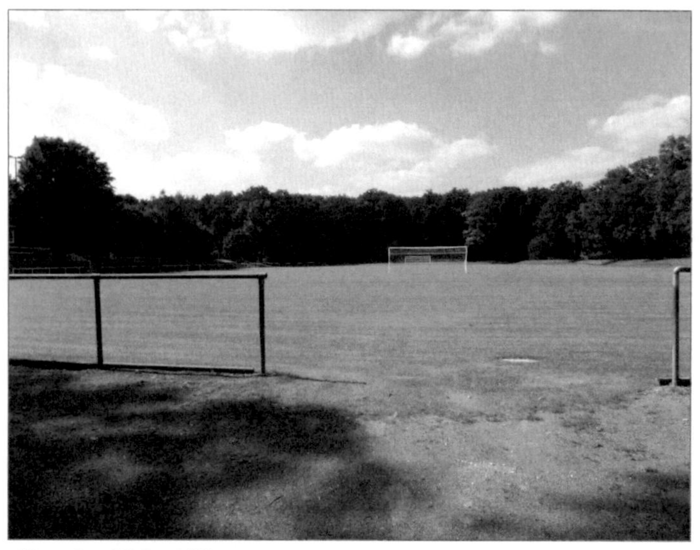

„Katzenbusch": Spielfeld.

Lünen

Stadt am Wasser

Lünen liegt im nordöstlichen Teil des Ruhrgebiets an der Schwelle zum Münsterland. Mit knapp 90.000 Einwohnern ist Lünen die größte Stadt im Kreis Unna. Im letzten Jahrhundert dominierte auch hier der Bergbau die örtliche Wirtschaftsstruktur. Drei Bergwerke unterhielten insgesamt sechs Schachtanlagen im Stadtgebiet. Die Zeche Preußen begann schon im Jahr 1887 mit dem Betrieb. Zehn Jahre später fuhren die ersten Bergleute in das Bergwerk Minister Achenbach ein. 1910 begann die Zeche Victoria mit der Förderung von Steinkohle. Geschlossen wurde die letzte Schachtanlage im Jahr 1992. Damit fand die Ära des Bergbaus in Lünen endgültig ihr Ende. Auf diesen zentralen Teil der örtlichen Wirtschaftsgeschichte weisen noch heute zwei Institutionen in der Stadt, das Bergarbeiter-Wohnmuseum und das Bergmannsmuseum, hin. Erstere Einrichtung stellt die Lebens- und Wohnbedingungen der Bergarbeiterfamilien dar. Das Bergmannsmuseum dient dagegen als eine integrative Begegnungsstätte von Menschen aller Nationalitäten und bietet eine Vielzahl von Angeboten im Bereich Weiterbildung und Kultur. Das Museum befindet sich in Trägerschaft des Vereins „Multikulturelles Forum“.

Mit dem Niedergang der Bergbau- und Stahlindustrie stieg die Arbeitslosigkeit in Lünen. Den wegbrechenden Industriezweig fingen neue Branchen, die sich ansiedelten, nur zu einem Teil auf. So konnten beispielsweise Unternehmen der Energieerzeugung und der Elektroindustrie als neue Arbeitgeber gewonnen werden. Aber noch heute ist die Arbeitslosenquote in der Stadt verhältnismäßig hoch.

Einen architektonischen Glanzpunkt im Stadtbild setzt das Schloss Schwansbell. Das Wasserschloss aus dem 19. Jahrhundert wurde bereits als Waisenhaus genutzt und beherbergte einen Gastronomiebetrieb. Heute befindet sich das Stadtmuseum in einem Teil des Gebäudes.

Ein weiteres städtebaulich interessantes Objekt liegt auf dem Gelände des ehemaligen Bergwerks Achenbach. Dort gestaltete der bekannte Designer Luigi Colani die Spitze des einstigen Förderturms der Zeche um. Auf dem Turm befindet sich ein ellipsenförmiger Aufbau, der einem Ufo ähnelt. Das so genannte „Colani-Ufo“ ist heute ein Teil des Technologiezentrums Lünen (LünTec), das auf dem Bergwerksgelände entstanden ist. Der neu gestaltete Förderturm gilt als Sinnbild für die wirtschaftliche Umnutzung von Industriebrachen und den Strukturwandel.

Als gelungenes Beispiel für Umnutzungen ehemals industriell genutzter Flächen dient der Seepark Lünen. Auf dem Gelände der Zeche Preußen fand 1996 die Landesgartenschau statt. Heute dient das Areal als Naherholungsgebiet mit diversen Badegelegenheiten. Der Datteln-Hamm-Kanal, der durch den südlichen Teil des Stadtgebietes fließt sowie die Lippe und die Seseke machen Lünen zu einer wasserreichen Stadt.

Das sportliche Leben der Stadt ist insbesondere in den 1960er- und 1970er-Jahren von den Fußballern des Lüner Sportvereins (LSV) dominiert worden. Über viele Jahre wanderten die Sportinteressierten zu Tausenden ins Stadion Schwansbell. Dort konnten Sie sich an zweitklassigem Fußball erfreuen.

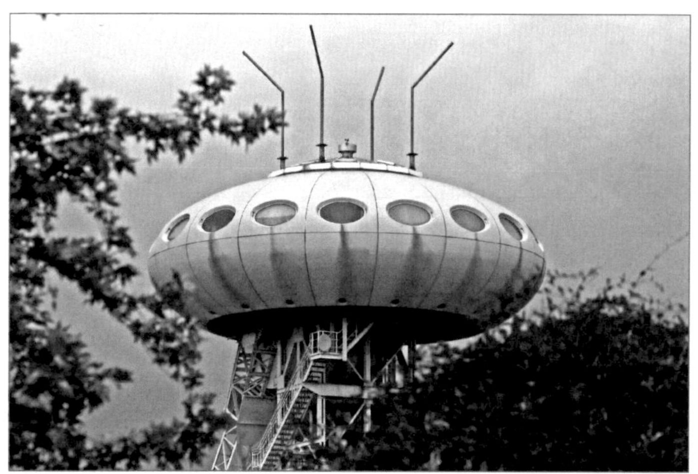

Colani-Ufo. Foto: luener/pixelio.de

Lüner SV

„Das Fußballspielen war wichtiger als der Beruf“

Vor 50 Jahren begann die erfolgreichste Zeit der Lüner Fußballgeschichte. In den 1960er-Jahren kennzeichneten noch die zahlreichen Fördertürme der Zechen das Stadtbild. Die Fußballspiele des Lüner Sportvereins (LSV) boten den Menschen eine abwechslungsreiche Freizeitbeschäftigung. An den Wochenenden erholten sich die Fußballanhänger des LSV, die meisten arbeiteten „unter Tage“, von ihrem harten Alltag in der damals noch etwas verstaubt klingenden „Kampfbahn Schwansbell“. 1963 stiegen die Lüner in die zweitklassige Regionalliga West auf, am Saisonende aber direkt wieder ab. Von 1967 bis 1973 erlebten die Fans dann wieder Regionalliga-Fußball.

Der Liganeuling aus Lünen stand von Beginn an mitten im Abstiegskampf. Nach zwölf Spieltagen hatte die Mannschaft schon 41 Gegentore kassiert. Besonders bitter war eine 1:6-Niederlage auf dem Bökelberg in Mönchengladbach. Das Rückspiel im heimischen Stadion konnten die Lüner ausgeglichener gestalten. Die Elf vom Niederrhein, die in den 1970er-Jahren fünf deutsche Meistertitel erringen sollte, trat mit dem jungen Günther Netzer sowie den späteren Stars Horst-Dieter Höttges und Herbert Laumen an. Am Ende der 90 Minuten in der „Kampfbahn Schwansbell“ gewannen die Borussen lediglich mit 2:1 durch ein spätes Tor von Ulrich Kohn fünf Minuten vor Spielschluss. Am Ende der Saison stieg der Lüner SV chancenlos als Tabellenletzter mit 18:58 Punkten und 41:101 Toren wieder aus der Regionalliga ab.

Einige Jahre später ging es aber sportlich wieder aufwärts für den LSV. „Ich hatte das Glück, als junger Spieler mit Werner Nagerski einen tollen Trainer erleben zu dürfen. Wirklich gute Mannschaftskollegen unterstützten mich. Als Vorstopper konnte ich neben Libero Dieter Zorc und Erhard Ahmann eine Abwehrreihe bilden", ist Manfred Rüsing, damals gerade 19 Jahre alt, noch heute begeistert.

Rüsing wechselte 1966 von seinem Heimatverein SV Roland Dortmund zum Lüner SV. Zeitgleich stießen die erfahrenen Spieler Dieter Zorc vom Dortmunder Verein TuS Eving-Lindenhorst und Erhard Ahmann vom sauerländischen TuS Sundern zur Mannschaft. Beide gehörten lange Jahre der Fußballnationalmannschaft der Amateure an. Nach einer sehr guten Saison in der Oberliga Westfalen qualifizierte sich das Team für die Aufstiegsrunde zur zweitklassigen Regionalliga West. Im Verlauf dieser Runde traten Rüsing und Co. beim SC Fortuna Köln an. Kurz zuvor hatte Hans „Jean" Löring, im Rheinland nur „Der Schäng" genannt, das Präsidentenamt beim Verein aus der Kölner Südstadt übernommen. „Wir hörten, dass die Spieler von Fortuna Aufstiegsprämien gefordert hatten. Die waren Hans Löring wohl zu hoch. Er wollte nicht zahlen. Die Fortunen hatten Probleme, überhaupt eine Mannschaft in der Qualifikationsrunde aufzubieten. Wir waren trotzdem völlig überrascht, als ‚der Schäng' plötzlich gegen uns auf dem Feld stand. Seine Karriere als Fußballer hatte er ja schon beendet", amüsiert sich Manfred Rüsing. Die Lüner gewannen in Köln und stiegen letztendlich in die Regionalliga West auf.

Das war der Beginn einer erfolgreichen Ära. Mit Dieter Zorc, dem Vater des heutigen BVB-Managers Michael Zorc, bildete Rüsing ein gutes Abwehrgespann. Nach den Heimspielen war es für jeden Spieler eine Pflicht, noch einen Abstecher ins Vereinslokal zu machen. Nicht nur des guten Essens wegen, sondern auch aus finanziellen Gründen. In der Zeit vor dem Aufstieg in die 2. Bundesliga bekamen die Spieler ihre Siegprämie beim Mannschaftsessen in bar ausgezahlt. „Jeder von uns war damals voll berufstätig. Die 30 oder 40 DM an Prämienzahlung waren ein kleines, schönes Zubrot", erklärt Manfred Rüsing, der als technischer Angestellter arbeitete.

„Damals war mir das Fußballspielen wichtiger als mein Berufsleben. Ich wollte unbedingt im Fußballsport erfolgreich sein. Ich hatte ein großes Kämpferherz, biss mich durch. Der riesige Techniker am Ball war ich nie", gesteht Rüsing.

Die kampfstarke Elf des Lüner SV hielt sich in der zweitklassigen Regionalliga prächtig. Meistens beendete sie die Saison im Mittelfeld der Tabelle. 1969/70 erreichten die Lüner sogar einen guten 6. Platz. Nach dieser Saison verließ Vorstopper Rüsing den Verein und wechselte zum VfL Bochum, später zog es ihn zum 1. FC Nürnberg, wo er unter Hans Tilkowski trainierte. „Ich habe meinem Trainer Werner Nagerski viel zu verdanken. Er schenkte mir trotz meines jungen Alters oft das Vertrauen und ließ mich spielen. So gewann ich enorm an Erfahrung. Auch menschlich verstand ich mich mit ihm gut. Er wohnte wie ich in Dortmund. Als ich noch kein Auto besaß, holte er mich von zu Hause ab und brachte mich nach dem Training wieder heim", erinnert sich Manfred Rüsing, der heute in der Nähe von Nürnberg lebt.

Im Vergleich zum Profifußball in der 1. Liga ging es in Lünen damals beschaulich und bodenständig zu. Die Trainingskleidung wusch jeder Spieler selbst. „Beim 1. FC Nürnberg kümmerten sich Vereinsangehörige um die gesamte Sportausrüstung. Auch medizinisch betreute uns der Club auf recht professionellem Niveau", vergleicht der 66-jährige Rüsing die beiden „Fußballwelten".

Die Zuschauerresonanz in den Jahren der Zweitklassigkeit war enorm. Bis zu 10.000 Besucher sahen die Spiele im Stadion in unmittelbarer Nähe des Schlosses Schwansbell. Letzte große Höhepunkte in der Vereinsgeschichte waren die beiden Derbys gegen den großen Nachbarn Borussia Dortmund. Die beiden Stadien der Clubs, die „Kampfbahn Schwansbell" und das „Stadion Rote Erde" in Dortmund lagen nur etwa 20 Kilometer voneinander entfernt. Das Hinspiel fand am 8. Oktober 1972 in der „Roten Erde" in Dortmund statt. Der LSV erreichte vor fast 20.000 Zuschauern ein achtbares 1:1-Unentscheiden. Das Rückspiel im Februar 1973 konnte der BVB in der ausverkauften „Kampfbahn Schwansbell" allerdings mit 3:1 für sich entscheiden.

Aktuell ist der Lüner SV in der Bezirksliga aktiv. Mit dem SPD-Bundespolitiker Dieter Wiefelspütz, einem gebürtigen Lünener, kann der LSV einen prominenten Präsidenten vorweisen. Zu wünschen ist dem Verein, demnächst wieder annähernd an zurückliegende Erfolge anknüpfen zu können.

Marl

Zeche, Chemie und Grimme-Preis

Die Wirtschaftsstruktur der Stadt Marl ist noch heute industriell geprägt. Die chemische Industrie und der Bergbau bilden die Säulen des Wirtschaftsstandortes im Norden des Ruhrgebietes. Der Chemiepark, einer der größten Europas, und die Zeche Auguste Victoria sind wichtige Arbeitgeber in der Region. Allein in den Unternehmen im Chemiepark Marl arbeiten etwa 10.000 Menschen auf einem 650 Hektar umfassenden Gelände.

Vor allem der Steinkohlebergbau blickt auf eine lange Tradition zurück. Die stets große Bedeutung dieses Wirtschaftszweiges spiegelt sich auch im Stadtwappen wider. Hammer und Schlägel sind dort als Symbole des Bergbaus zu sehen. Die Zeche Auguste Victoria begann schon 1899 mit dem Betrieb. Dort sind mittlerweile mehrere Generationen an Bergleuten eingefahren. Noch heute gehen dort fast 4.000 Menschen ihrer Arbeit nach. Insgesamt werden jährlich drei Millionen Tonnen Steinkohle abgebaut.

Neben der Funktion als zentralem Wirtschaftsstandort im nördlichen Revier hat Marl jedoch noch mehr zu bieten. Die Stadt gilt beispielsweise als Vorreiterin der Erwachsenenbildung in der Bundesrepublik Deutschland. Mit der Bildungseinrichtung „die insel", 1946 gegründet, entstand 1955 das erste Gebäude einer Volkshochschule in Deutschland. Aus dieser Gründung heraus entwickelte sich die Vergabe eines der bekanntesten Fernsehpreise des Landes, des „Adolf-Grimme-Preises". Seit 1964 vergibt das ebenfalls in Marl beheimatete Grimme-Institut den vom Deutschen Volkshochschulverband gestifteten Preis für hervorragende Fernsehsendungen. In jedem Jahr treffen sich zur Preisverleihung im Marler Theater renommierte Kulturschaffende.

In den 1950er-Jahren konnte die sportinteressierte Bevölkerung der Stadt erstklassigen Fußball genießen. Der Turn- und Sportverein Marl-Hüls errang 1954 die Deutsche Amateurmeisterschaft. Zu Beginn der 1960er-Jahre spielte der Verein in der Oberliga West, der damals höchsten Spielklasse. Im Vergleich zur Konkurrenz aus den Großstädten Dortmund, Essen oder Gelsenkirchen war der TSV fast immer in der Außenseiterrolle, behauptete sich aber drei Spielzeiten lang, von 1960 bis 1963, in der höchsten Liga. Die in blau-weiß gekleideten Marler, sorgten als „Blaue Funken" in diesen Jahren für viel Spannung und interessante Duelle gegen andere Vereine aus dem Ruhrgebiet.

Im Jahr 2012 feierte der Verein sein 100-jähriges Bestehen. Zwar können die Marler Fußballanhänger keinen Erstliga-Fußball mehr bewundern, denn die Fußballer jagen dem Leder in der Landesliga Westfalen nach; dennoch blicken die Vereinsmitglieder voller Stolz auf die erfolgreiche Vergangenheit zurück.

TSV Marl-Hüls

Nicht die letzte Geige im Konzert der Großen – die Oberligajahre

Der TSV-Virus hatte ihn gepackt; seitdem sind fast 60 Jahre vergangen. Noch immer ist Josef Schröder mit dem Virus infiziert, denn seine Fußball-Liebe gilt seit 1953 dem Turn- und Sportverein Marl-Hüls. Sein Cousin hatte den kleinen Josef zu einem Spiel mitgenommen. „Da war ich elf Jahre alt und sofort von der Atmosphäre im Stadion begeistert", erinnert sich Schröder. Er ist dem Verein immer treu geblieben, zunächst als Anhänger, später als Abteilungsleiter der Fußballer, parallel dazu auch als Präsident, heute noch als Ehrenpräsident, Mitglied des erweiterten Vorstandes, Verfasser eines großen Teils der Chronik des Clubs und Stadionsprecher.

Der leidenschaftliche Fußballanhänger Schröder wuchs auf dem elterlichen Bauernhof, nur wenige hundert Meter vom altehrwürdigen Jahnstadion entfernt, auf. Er erlebte schon die Anfänge der großen Fußballära in den 1950er- und 1960er-Jahren in Marl-Hüls mit. „Meinem Vater habe ich damals die 20 Pfennig Eintritt abgerungen. Es war immer der gleiche Kassierer, der mir die Karte verkaufte. Immer derselbe Kartenabreißer gab den Weg ins Stadion frei", berichtet Josef Schröder. Unvergesslich ist bis heute für ihn der Gewinn der deutschen Amateurmeisterschaft im Jahre 1954. Es sollte der Anfang der Glanzzeit des Clubs sein.

Langsam reichte das Fassungsvermögen des Jahnstadions für die immer zahlreicheren Zuschauer nicht mehr aus. In den Zeiten, als die Menschen mit Kohle heizten, fuhren die Müllwagen mit der Kohlenasche der Haushalte zum Stadion, um damit die Wälle aufzuschütten, die als Tribünenprovisorium dienten. In den 1950er-Jahren pilgerten Tausende Sonntag für Sonntag in die Heimstätte des TSV und fanden ihren Stehplatz auf der Aschenhalde.

1960 war es soweit: Zusammen mit einem weiteren Verein aus dem Ruhrgebiet, dem SV Sodingen, stiegen die Marl-Hülser in die höchste Spielklasse auf. Der TSV siegte beim Rheydter SV mit 4:1. Dies reichte, um neues Mitglied im „Oberhaus“, der Oberliga West, zu werden. Der damalige Geschäftsführer des Vereins Franz Orlowski verkündete vollmundig, dass der TSV nun am Konzert der Großen des westdeutschen Fußballs teilnehme, und der Club nicht die letzte Geige spielen wolle – dies gelang.

Einer der Aktiven von damals war Manfred Gudasch, ein exzellenter Torhüter. Als Rückhalt seiner Mannschaft trug er dazu bei, dass sich der TSV drei Jahre in der Oberliga West halten konnte.

Der TSV lieferte tolle und unvergessliche Spiele in der legendären Oberliga ab. Gleich im ersten Jahr der Ligazugehörigkeit gab es Revierderbys en masse. Die Marler Anhänger freuten sich auf die Gegner aus den Nachbarstädten. Borussia Dortmund, der Duisburger SV, der Meidericher SV, Rot-Weiss Essen, Rot-Weiß Oberhausen, der FC Schalke 04, SV Sodingen, die Sportfreunde Hamborn 07, der VfL Bochum und Westfalia Herne maßen sich mit den „Underdogs“ vom TSV Marl-Hüls.

„Man musste diese Liga erleben. Als Jugendlicher habe ich die Atmosphäre damals aufgesogen wie ein Schwamm das Wasser“, versichert Josef Schröder begeistert. Nun musste der Jugendliche schon 1 DM an Eintrittsgeld aufbringen, aber die Stimmung im Stadion war es ihm Wert. Die Oberliga West begann für den TSV mit einem echten Knalleffekt. Im ersten Spiel beim Meidericher SV, erzielte Marls Ptaczinski das erste Saisontor in der neuen Liga. Zwar gewannen die Duisburger am Ende mit 5:2, doch Marl kämpfte bis zuletzt verbissen.

Der Kampfgeist war das große Plus der Marler. Fast immer spielte die Mannschaft gegen den Abstieg. Der TSV Marl-Hüls konnte seinen Anhängern Spiele auf damals höchstem Niveau bieten, da die Zeche Auguste Victoria in enger Beziehung mit dem Verein stand. Die Führungskräfte des Bergwerks füllten zu einem großen Teil auch Ämter beim Fußballclub aus. Talentierte und hochklassige Spieler konnten auf diese Weise mit einem Arbeitsplatz auf der Zeche gelockt werden. Anfang der 1960er-Jahre waren fast alle Spieler bei der „Auguste Victoria" beschäftigt.

Im ersten Oberligajahr gelangen dem TSV einige überraschende Erfolge. An ein ganz besonderes Spiel erinnert sich Josef Schröder zurück. Im April 1961 trat die Mannschaft um Torwart Manfred Gudasch in der Glückauf-Kampfbahn auf Schalke an. Sehr lange konnte die Elf das Spiel ausgeglichen halten. Bis kurz etwa zur Mitte der zweiten Halbzeit stand es 1:1. „Unser Spieler Dieter Zurawka verletzte sich im Verlauf der zweiten Halbzeit so schwer, dass er nur noch humpelnd an der Seitenlinie stand. Damals waren Auswechslungen noch nicht erlaubt. Die Schalker haben Zurawka gar nicht mehr beachtet. Dann segelte zwei Minuten vor Spielende ein langer Ball in die Hälfte der Gelsenkirchener. Dieter Zurawka brachte seine gesamte Kraft auf, und versuchte, den Ball zu erlaufen. Es gelang ihm. Plötzlich stand er vor dem Schalker Keeper Manfred Orzessek, überwand ihn, und erzielte den 2:1-Siegtreffer beim Spitzenteam des FC Schalke 04. Diesen Moment werde ich nie vergessen", schildert der heute 70-jährige Josef Schröder den emotionalen Augenblick.

Doch auch hohe Niederlagen gehörten zum Oberligaalltag der Marler. „Wir bekamen ab und zu richtige Klatschen. Das 1:8 gegen Schalke und das 1:11 gegen den BVB waren richtig bitter", schmunzelt Ehrenpräsident Schröder heute über die Ergebnisse.

Noch zwei weitere Spielzeiten konnten sich die wegen ihrer Vereinsfarben blau und weiß „Blauen Funken" genannten aus Marl-Hüls in der Oberliga West halten.

Bundesweites Aufsehen erregte der TSV Marl-Hüls in der Saison 1962/63, als der DFB plante, im Jahr 1963 die Bundesliga einzuführen. Es sollte nur noch eine höchste deutsche Spielklasse geben. Dafür mussten die mehr als 70 Vereine aus den jeweiligen Oberligen Anträge stellen. Als einziger Club verzichtete der TSV

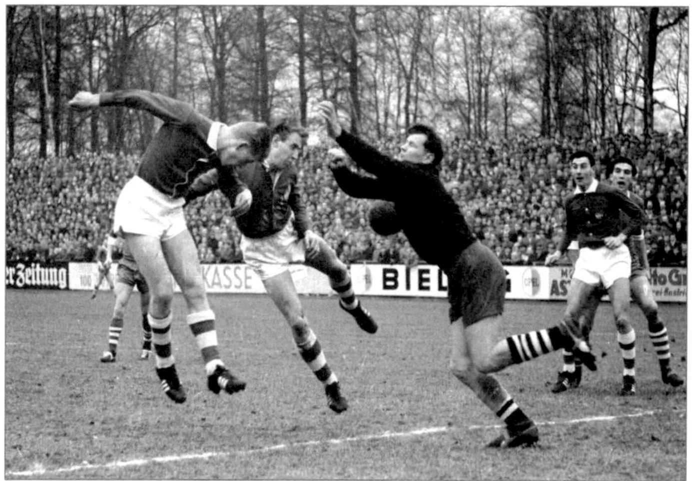

Abwehrkampf des TSV im Jahnstadion gegen den 1. FC Köln 1961.

Foto: Horst Müller Pressebilderdienst

darauf. Die Vereinsfunktionäre waren damals schon realistisch genug, um festzustellen, dass die sportliche und finanzielle Kraft für eine Bundesligazugehörigkeit nicht ausreichen würde.

1963 landete die Mannschaft auf dem letzten Tabellenplatz und stieg in die Zweitklassigkeit ab. Kurioserweise wurde das alte Jahnstadion zu dieser Zeit modernisiert, komplett umgebaut und auf eine Zuschauerkapazität von 35.000 erweitert. So viele Besucher strömten bis heute nie mehr in das idyllisch gelegene Stadion im Stadtteil Hüls.

Heute tritt der TSV Marl-Hüls zwar nicht mehr gegen die stärksten Mannschaften aus der Region an, als Verein des Breitensports ist er aber für das sportliche und gesellschaftliche Leben der Stadt ein enorm wichtiger Faktor. Allein die Fußballabteilung zählt über 500 Mitglieder. Den allergrößten Teil davon bilden Jugendliche, die im Club eine sinnvolle Freizeitbeschäftigung finden.

Mülheim an der Ruhr

Die erste bergbaufreie Stadt im Revier

Mülheim wandelte sich ab der Mitte des 19. Jahrhunderts von einem beschaulichen Ort zu einem Zentrum der Montanindustrie. Entsprechend dynamisch entwickelte sich seither die Einwohnerzahl der Stadt. Innerhalb von etwa 60 Jahren wuchs die Bevölkerung von etwas mehr als 12.000 im Jahr 1858 auf über 112.000 im Jahr 1910 an. Die Industrialisierung hatte die Stadt voll erfasst.

Mit der Schließung der Zeche „Rosenblumendelle“ im Jahr 1966 war Mülheim die erste Großstadt im Ruhrgebiet, in der kein Bergbau mehr betrieben wurde. Erst die Gerbereien der Lederwarenindustrie, später auch Berg- und Stahlwerke bestimmten viele Jahrzehnte lang den Alltag der Menschen und das Stadtbild Mülheims. Heute spielt die industrielle Nutzung keine dominierende Rolle mehr. Vielmehr präsentiert sich Mülheim als sehr grüne Stadt mit einem hohen Wohn- und Erholungswert. Grünflächen und Waldgebiete machen mehr als die Hälfte des Stadtgebietes aus. Das Leder- und Gerbermuseum sowie das Gründer- und Unternehmermuseum führen die Besucher zurück in eine Zeit, in der diese Industriezweige das wirtschaftliche Leben in der Stadt prägten. Das naturkundliche Museum „Haus Ruhrnatur“, das in einem ehemaligen Wirtschaftsgebäude auf einer Flussinsel beheimatet ist, symbolisiert diesen Wandel von Industrie zur Natur eindrucksvoll.

Aus sportlicher Sicht waren die 1970er-Jahre besonders interessant. In der Zeit von 1972 bis 1976 konnten die Fußballinteressierten im Ruhrstadion in Mülheim-Styrum zweitklassigen Fußball ansehen. Der 1. FC Mülheim hielt sich vier Spielzeiten in der Regionalliga West und in der 2. Bundesliga Nord. Seitdem konnte der Club mit dem Löwen im Vereinswappen nicht mehr an diese großen Erfolge anknüpfen. Heute spielen die Mülheimer Löwen in der Kreisliga A.

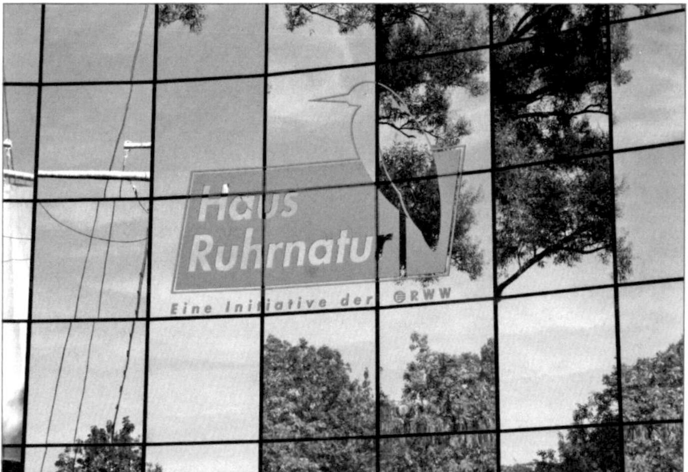

Haus Ruhrnatur. Foto: Erich Rosenkranz/pixelio.de

1. FC Mülheim

„Erfahrener Spieler per Zeitungsannonce gesucht“ – wie „Atom-Otto“ nach Mülheim kam

Der 5. Juni 1974 gilt bei den älteren Fußballinteressierten in Mülheim noch heute als Feiertag. An diesem Mittwochabend versammelten sich die Anhänger des 1. FC Mülheim in den Kneipen und Gaststätten der Stadt. Der Club konnte an diesem Abend in die 2. Bundesliga Nord aufsteigen. Die Fans hatten jedoch keine Möglichkeit, ihre Mannschaft im Stadion zu unterstützen, denn der 1. FC Mülheim spielte an diesem Abend gar nicht. Die Regionalligasaison hatten die Mülheimer als Tabellenvierter längst abgeschlossen. In der kommenden Saison stand die Einführung einer 2. Bundesliga bevor. Deshalb sorgte eine sehr komplizierte Aufstiegsregelung dafür, dass die Vereinsfunktionäre und die Anhänger an diesem Sommerabend auf die Spiele der Bundesliga-Aufstiegsrunde schauen mussten. Die Konstellation war aber wiederum einfach: Siegt Tennis-Borussia Berlin gegen den FC St. Pauli und verliert Borussia Neunkirchen gegen den Reviernachbarn Rot-Weiß Oberhausen, so steigen die Mülheimer auf.

Zur „Tagesschau“-Zeit herrschte an diesem Junitag in Mülheim-Styrum – in dem Ortsteil hat der Verein seine Wurzeln – eine ausgelassene Feierstimmung in den Gaststätten. Der 1. FC Mülheim hatte es tatsächlich geschafft. Der Club komplettierte die 2. Bundesliga Nord in der Saison 1974/75. Dankend prosteten die Anhänger in Richtung der Oberhausener „Kleeblätter“ und der Berliner „Veilchen“. Rot-Weiß Oberhausen siegte mit 1:0 beim saarländischen Traditionsverein Borussia Neunkirchen. Tennis-Borussia Berlin schickte den FC St. Pauli mit einem 3:1 zurück ans heimische Millerntor.

Die Vereinsführung musste nun so schnell wie möglich eine schlagkräftige Mannschaft zusammenstellen. Dem aktuellen

Kader gehörten noch Spieler an, die wenige Jahre zuvor in der Landesliga nur mit Mühe den Abstieg in die Fünftklassigkeit vermeiden konnten. Kurze Zeit nachdem der Aufstieg feststand, schalteten die Sportfunktionäre des 1. FC Mülheim eine Zeitungsannonce. In einer großen deutschen Sportzeitung lasen die Fußballfans, dass der 1. FC Mülheim einen erfahrenen Spieler suche. „Als ich das Stellenangebot erblickte, fühlte ich mich direkt angesprochen", erinnert sich Otto Luttrop.

Der damals 35-Jährige suchte intensiv nach einem neuen Verein. Bis dato war die Karriere des Mittelfeldspielers sehr erfolgreich verlaufen. Als „Kind des Ruhrgebiets" war er in Bönen-Altenbögge aufgewachsen, kämpfte mit Westfalia Herne in der Endrunde um die Deutsche Fußballmeisterschaft, stand 1965 mit 1860 München sogar im Londoner Wembleystadion im Finale des Europapokals der Pokalsieger, gehörte danach viele Jahre dem FC Lugano an und wurde mit dem FC Sion schließlich Pokalsieger in der Schweiz. Dann aber schien sich zum ersten Mal in seiner sportlichen Laufbahn eine große Portion Pech einzuschleichen. „Atom-Otto", wie Luttrop wegen seines harten Schusses respektvoll genannt wurde, musste sich im Sommer 1974 kuriosen Entwicklungen unterordnen, an deren Ende die Vereinslosigkeit stand.

„Eigentlich richtete ich mich auf ein Ende meiner Karriere als Fußballer in der Schweiz ein. Ich verdiente etwa 100.000 Schweizer Franken pro Jahr, mir ging es gut und meine Familie fühlte sich wohl. Dann wirbelte ein Anruf meines ehemaligen Trainers Max Merkel alles durcheinander", umreißt Otto Luttrop die damalige Situation. Im Verlauf des Telefonats verabredeten „Star"-Trainer Merkel und „Atom-Otto" Luttrop ein Treffen in Athen. Dort befand sich der von Max Merkel trainierte TSV 1860 München im Trainingslager. Luttrop hatte die Aufgabe, den ihm bekannten talentierten Spieler Heinz Lubanksi vom FC Lugano zum Probetraining bei den Münchnern in die griechische Hauptstadt zu begleiten.

Kurz nach dem Training stellte der gebürtige Wiener Merkel Otto Luttrop vor eine schwerwiegende Entscheidung. „Herst, lass den Lubanski wo er ist. Komm Du!“, versuchte Max Merkel in seinem unnachahmlichen Dialekt Luttrop zu einem Wechsel nach München zu bewegen. Nach kurzem Zögern willigte der Wahl-Schweizer ein und kündigte seinen laufenden Vertrag beim FC Sion. Kurze Zeit später erhielt Otto Luttrop jedoch die niederschmetternde Nachricht, dass ein wichtiger Sponsor der „Münchner Löwen“ abgesprungen sei, und sein Wechsel deshalb platzen müsse. „Ich stand plötzlich und unverhofft ohne Arbeitgeber da. Kurz darauf las ich die Annonce des 1. FC Mülheim in der Sportzeitung und nahm direkt Kontakt mit dem Verein auf“, erklärt Otto Luttrop heute. Für den 1. FC Mülheim war das Schicksal von Otto Luttrop ein echter Glücksfall. Der Vertragsschluss mit dem erfahrenen Profifußballer war nur noch eine Formsache.

Zu Beginn der ersten Zweitligasaison in der Geschichte des Vereins hatten die Verantwortlichen eine vielversprechende Mannschaft auf die Beine gestellt. Unvergessliche Fußballspiele begeisterten in der Folge die zahlreichen Anhänger im Mülheimer Ruhrstadion. „Ich schwelge noch heute in wunderbaren Erinnerungen an diese Zeit“, schwärmt Herbert Stoffmehl, der in den beiden Saisons in der 2. Bundesliga die Abwehr des 1. FC Mülheim verstärkte. Mehrere tausend Besucher verfolgten die Spiele. Stand ein Derby an, etwa gegen Borussia Dortmund, platzte das Stadion aus allen Nähten.

„In ganz besonderer Erinnerung ist mir ein Spiel aus dem Jahr 1975. Anfang Februar traten wir vor voll besetzten Rängen im heimischen Stadion gegen Eintracht Frankfurt an. Die dritte Runde im DFB-Pokal stand an. Bis 15 Minuten vor Schluss hielten wir gegen den haushoch favorisierten Bundesligisten mit Stars wie Bernd Nickel sowie den Nationalspielern Jürgen Grabowski und Charly Körbel ein 0:0. Erst dann leitete ein unglückliches Eigentor von Otto Luttrop die 0:3-Niederlage ein“, analysiert der Bergmannssohn Herbert Stoffmehl.

Für Otto Luttrop und Herbert Stoffmehl bleibt ihre aktive Zeit beim 1. FC Mülheim unvergessen. Stoffmehl ist Mülheim treu geblieben. 35 Jahre stand er bei seinem Arbeitgeber Siemens in Lohn und Brot. Heute genießt er die Zeit als Pensionist und trainiert den Kreisligisten RSV Mülheim. Otto Luttrop lebt als Spielerberater im Tessin. Regelmäßig zieht es ihn jedoch zu seinen Verwandten und Freunden nach Bönen. „Wer einmal im Ruhrgebiet gelebt hat, kommt immer zurück", ist er sich sicher.

Doch leider hielt die sportliche Blütezeit des 1. FC Mülheim, die beide Spieler miterlebten, nicht lange an. Zwei Jahre lang gehörten die Styrumer der 2. Bundesliga Nord an. Im Jahr 1976 fehlte der Mannschaft am Ende der Spielzeit ein Punkt, um nicht abzusteigen. Die Insolvenz des Unternehmens von Präsident und Sponsor Roland Haustein leitete dann endgültig die sportliche Talfahrt des Vereins ein.

Derzeit kicken die Fußballer des 1. FC Mülheim in der neuntklassigen Kreisliga A. Aber nur wenige Vereine in den unteren Spielklassen können auf eine solch großartige Vergangenheit zurück blicken. Mit seinem ehemaligen Spieler und heutigen australischen Nationaltrainer Holger Osieck kann der Verein sogar einen Weltmeister vorweisen. Er assistierte von 1987 bis 1990 Teamchef Franz Beckenbauer als Co-Trainer der Nationalmannschaft.

Vielleicht versucht es der 1. FC wieder mal mit einer Zeitungsannonce, in der ein erfahrener Spieler gesucht wird. Einmal hat es ja schon geklappt.

Oberhausen

Von der Gutehoffnungshütte zur Neuen Mitte

Vor mehr als 250 Jahren, im Oktober 1758, legte Franz von der Wenge einen wichtigen Grundstein für die Industrialisierung des Ruhrgebiets. Der Adlige gründete die St.-Antony-Hütte, in der Eisen aus Eisenerz gewonnen wurde. Der Betrieb galt als erstes Hüttenwerk im Ruhrgebiet. Mit der Übernahme der Produktionsstätten durch die Brüder Haniel wuchs das Unternehmen, das fortan Gutehoffnungshütte hieß, stetig an. Aus diesem Hüttenbetrieb entwickelte sich in den folgenden 200 Jahren einer der größten Konzerne der Bundesrepublik Deutschland, der die Sparten Bergbau, Maschinen- und Anlagenbau abdeckte. Kohle- und Stahlkrisen machten Umstrukturierungsmaßnahmen des Konzerns notwendig. Die geschichtsträchtigen Produktionsanlagen der Gutehoffnungshütte wurden vor mehr als 20 Jahren abgerissen. Es entstand eine riesige Brachfläche.

In den 1990er-Jahren glich das Gelände einer überdimensionalen Baustelle. Die Verantwortlichen der Stadt Oberhausen begannen, ihr Entwicklungsprojekt „Neue Mitte" umzusetzen. In den folgenden Jahren verwandelte sich die Brachfläche in ein überregional bekanntes und erfolgreiches Einkaufs- und Freizeitzentrum. Allein das „CentrO" bietet auf einer Fläche von 70.000 Quadratmetern Besuchern aus nah und fern Einkaufs- und Unterhaltungsmöglichkeiten mit Kinos und Restaurants. Eine Marina, ein Freizeitpark und die Modellbahnwelt Oberhausen sind weitere bunte touristische Attraktionen im Umfeld des Einkaufsgeländes. Die Ausstellungshalle des fast 120 Meter hohen Gasometers, eines früheren Gasspeichers aus den 1920er-Jahren, das nahegelegene Schloss Oberhausen, eine Konzert- und Veranstaltungshalle sowie ein Musicaltheater und ein Erlebnisbad locken ebenfalls zahlreiche Besucher aus dem In- und Ausland an. Das Projekt gilt als gutes Beispiel für einen geglückten Strukturwandel im Ruhrgebiet.

Nun ist zu den drei bestehenden Stadtzentren – Alt-Oberhausen, Sterkrade, Osterfeld – mit der „Neuen Mitte" ein viertes hinzugekommen.

Unweit von der „Neuen Mitte" trägt der SC Rot-Weiß Oberhausen seine Heimspiele im Niederrhein-Stadion aus. Die Sportstätte liegt auf einer Halbinsel, umschlossen vom Rhein-Herne-Kanal und der Emscher. Das sportliche Leben in der Stadt prägt der Club seit über einem Jahrhundert. 1904 aus der Fusion mehrerer Sportvereine hervorgegangen, feierten die Aktiven und die Anhänger von „RWO" in den Jahren 1969 bis 1973 ihre größten Erfolge. Als vergleichsweise kleiner Verein konnte die Mannschaft in der 1. Bundesliga so manchen großen Club überraschen.

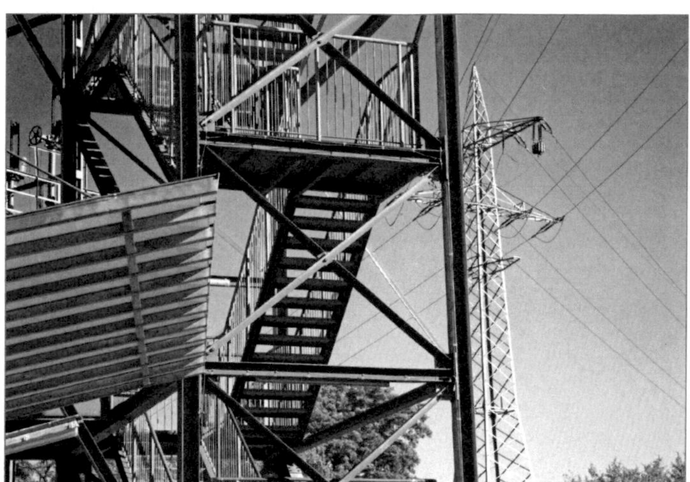

Aufgang zum Gasometer. Foto: Gereon Balzer/pixelio.de

Rot-Weiß Oberhausen

„Morgens um 6 Uhr zum Lauftraining direkt am Pütt“

Im Juni 1969 war es soweit. Der Elf des SC Rot-Weiß Oberhausen glückte in diesen Sommertagen der Aufstieg in die höchste Spielklasse, die 1. Fußball-Bundesliga. In einer spannenden und am Ende dramatischen Qualifikationsrunde erkämpften sich die Rot-Weißen um ihren Erfolgstrainer Alfred „Adi“ Preißler im letzten Spiel im heimischen Niederrheinstadion ein 0:0 gegen den Freiburger FC. Das reichte, um in der Saison 1969/70 in Deutschlands Eliteliga mitspielen zu dürfen.

Im Stadion brachen alle Dämme. Mehr als 30.000 Zuschauer feierten den Aufstieg ihrer Helden. Und das war erst der Anfang. Die Oberhausener freuten sich nicht nur über den Erfolg ihres Vereins, sie zelebrierten ihren Aufstiegshelden einen wahren Triumphzug. „Auf einem Heuwagen fuhren wir durch die Stadt. Vom Stadion zogen wir bis zum Clubheim an der Landwehr. Unser Trainer ‚Adi‘ Preißler, der Mäzen Peter Maaßen und wir – die gesamte Mannschaft – trauten unseren Augen kaum. Am Straßenrand standen die Menschen dicht gedrängt. Einige Anwohner hatten die Straßen sogar rot und weiß gestrichen. Alles war wie im Kölner Karneval. Ganz Oberhausen war auf den Beinen“, schwärmt Franz Krauthausen, der von 1966 bis 1971 insgesamt 46 Tore für Rot-Weiß schoss.

Die Euphorie der Fans hielt auch in der 1. Bundesliga an. Viele Zuschauer strömten in das Niederrhein-Stadion, doch abseits des Fußballplatzes genossen alle Spieler die familiäre Atmosphäre. Stets beköstigten die Betreiber des Clubheims an der Landwehr, Leni und Heinz Lauterfeld, die Aktiven. Die Familie Lauterfeld wohnte im Vereinsheim und engagierte sich im Club, wo sie eben konnte. Heinz Lauterfeld arbeitete als Jugendwart, war Schiedsrichter und Mannschaftsbetreuer. „Es war wunderbar. Fast jeden Tag saßen wir in der Vereinsgaststätte zusammen. Wir spielten zwar keinen überragenden Fußball, erkämpften uns aber mit großer Leidenschaft und Siegeswillen die Sympathien der Zuschauer. Und wir waren wirklich die sprichwörtlichen ‚11 Freunde'. Darin bestand unser Erfolgsrezept", fasst Franz Krauthausen die Anfangszeiten in der Bundesliga zusammen.

Rot-Weiß Oberhausen kämpfte in jeder der vier Spielzeiten seiner Zugehörigkeit der 1. Bundesliga gegen den Abstieg. Lief ein Spiel mal nicht so gut, bat Trainer „Adi" Preißler seine Truppe oft zu einer Trainingseinheit der besonderen Art. Um die Einsatzbereitschaft und die Verbindung zu den Oberhausener Anhängern zu dokumentieren, absolvierten die Spieler ein Lauftraining früh morgens um 6 Uhr direkt an den Zufahrten zu den Zechengebäuden, am „Pütt". „Zeigt den Bergleuten, dass auch ihr arbeitet", gab der Trainer seiner Elf dabei mit auf dem Weg.

Die Begegnungen gegen den Namensvetter aus Essen waren häufig hart umkämpft. Doch der Höhepunkt der Auseinandersetzungen zwischen beiden Teams ereignete sich im Jahr 1969, in dem beide Vereine in die 1.Bundesliga aufstiegen. Zu Beginn der Rückrunde in der zweitklassigen Regionalliga West empfingen die Oberhausener, wegen des Vereinswappens „die Kleeblätter" genannt, den Gast aus dem benachbarten Essen. Willi Lippens schoss Rot-Weiss Essen in der 72. Minute in Führung. In der Schlussphase prallte Franz Krauthausen mit dem Essener Torhüter Fred-Werner Bockholt zusammen und musste auf einer Trage vom Spielfeld transportiert werden. Wenig später bekam Rot-Weiss Essen einen Elfmeter zugesprochen. Spezialist Lippens trat an, doch Oberhausens Torwart Wolfgang Scheid, der immer sehr ruhig auftrat und deshalb den Spitznamen „Yogi" erhielt, konnte parieren. Die Fans der Kleeblätter schrien auf. „Ich zuckte auf der Trage zusammen und registrierte kurz darauf, was geschehen war. Ich befand mich schon fast am Eingang in den Kabinentrakt, in den ich getragen werden sollte. Reflexartig stürmte ich aber wieder auf das Spielfeld“, erzählt Franz Krauthausen. Das, was dann geschah, gehört bei vielen älteren RWO-Anhängern noch heute zum festen Repertoire an skurrilen Fangeschichten. „Ich stand gerade wieder noch etwas mitgenommen auf dem Feld, da erreichte mich der Abschlag unseres Keepers. Ich stürmte in den gegnerischen Strafraum und knallte den Ball ins Tor. Der Torjubel der Zuschauer war unglaublich laut“, lacht der heute 66-Jährige.

Die Derbys gegen die anderen Vereine aus dem Ruhrgebiet waren die Höhepunkte der Saison. Besonders die Spiele gegen Rot-Weiss Essen und Borussia Dortmund sind dem ehemaligen Oberhausener Publikumsliebling Franz Krauthausen noch in guter Erinnerung. Am 3. Spieltag der ersten Bundesligasaison der Rot-Weißen erzielte der Stürmer den viel umjubelten Siegtreffer gegen den BVB zum 2:1 kurz vor Schluss im überfüllten Niederrhein-Stadion.

In der 1. Bundesliga folgten weitere unglaubliche Spiele. 1970 überrannten „die Kleeblätter“ den Hamburger SV mit 8:1, 1970 und 73 siegte Rot-Weiß mit 2:0 sowie 4:0 gegen den Reviernachbarn MSV Duisburg. Der FC Schalke 04 musste im Mai 1971 mit einem 1:4 wieder zurück nach Gelsenkirchen fahren. Daran denken viele Kleeblatt-Sympathisanten gern zurück.

Bis zum Frühjahr 2012 kämpften die „Kleeblätter“ in der 3. Liga um Tore und Punkte, sind aber leider abgestiegen. Die Identifikationsfigur des Oberhausener Publikums, einst Franz Krauthausen, heißt nun Mike Terranova. Seit fünf Jahren geht der gebürtige Bochumer mit italienischen Wurzeln für die Rot-Weißen auf Torejagd. Im Mai 2008 schoss der 35-Jährige die „Kleeblätter“ am letzten Spieltag der Regionalliga Nord im Auswärtsspiel bei Union Berlin mit zwei Toren fast im Alleingang zum Aufstieg in die 2. Bundesliga. „Ich schaue mir das Spiel von damals noch ab und zu an und bekomme dabei immer noch eine Gänsehaut“, gesteht Mike Terranova. Er ist ein Kind des Ruhrgebiets. Seine Eltern siedelten vor einigen Jahrzehnten aus Italien nach Bochum über. Sein Vater eröffnete mit 18 Jahren eine Eisdiele. Sohn Mike spielte sich bei der SG Wattenscheid 09 in den 1990er-Jahren ins Herz von Clubmäzen Klaus Steilmann, nach Stationen in Gütersloh, Nordhorn und Wuppertal kehrte er 2005 für ein Jahr zurück und hat seither bei RWO seine sportliche Heimat gefunden. Der heimatverbundene Familienvater wohnte immer im Ruhrgebiet. Nach Nordhorn und Gütersloh reiste er zu jeder Trainingseinheit an. „Das Ruhrgebiet ist meine Heimat. Hier ziehe ich nie wieder weg“, stellt der sympathische und bodenständige Mike Terranova fest.

Vielleicht winkt die Mannschaft ja eine Tages wieder den Oberhausenern vom Heuwagen aus zu und fährt über rot-weiß gestrichene Straßen ...

Oer-Erkenschwick

Junge Stadt mit Fußballtradition

Oer-Erkenschwick ist eine der jüngsten Städte im Revier. Die Stadtrechte erhielten die beiden Orte Oer und Erkenschwick erst 1953. Im vergangenen Jahrhundert dominierte der Steinkohlebergbau das wirtschaftliche Leben und das Stadtbild. Die Zeche Ewald Fortsetzung bot mehreren tausend Menschen einen Arbeitsplatz. In den 1950er-Jahren arbeiteten weit mehr als 5.000 Mitarbeiter auf den Anlagen. Eng verbunden mit dem Zechenbetrieb war der Fußballverein, die Spielvereinigung Erkenschwick. Auf dem Zechengelände entstand in den frühen 1930er-Jahren das Stimberg-Stadion. In den Hochzeiten von Kohle und Stahl spielten fast nur Bergleute für den Club. Durch diese Verbindung ergab sich auch eine einzigartige Nähe zwischen aktiven Spielern und den Anhängern des Vereins. Spiele wurden gemeinsam besprochen, Informationen ausgetauscht, bei Niederlagen frotzelten die Anhänger, bei Siegen konnten sich die Spieler der Anerkennung im Kollegenkreis sicher sein.

Während der erfolgreichsten Zeit des Vereins in der Nachkriegszeit genossen die begeisterungsfähigen Zuschauer im Stimberg-Stadion packende Derbys in der höchsten Spielklasse gegen traditionsreiche Ruhrgebietsvereine wie Borussia Dortmund, Rot-Weiss Essen oder Schalke 04. Trotz der überschaubaren Größe der Stadt, die zum Zeitpunkt ihrer Gründung etwas mehr als 20.000 Einwohner zählte, strömten zahlreiche Zuschauer an den Stimberg. Viele Besucher reisten auch aus der näheren Umgebung an, um die Spielvereinigung, den „David“, gegen die großen Clubs im Fußballwesten zu unterstützen.

Mit dem Niedergang der Kohle- und Stahlindustrie einher ging auch die sportliche Entwicklung der Spielvereinigung. Als letzter großer Erfolg steht der Aufstieg in die 2. Bundesliga Nord im Jahr 1980 zu Buche. Einen großen Anteil daran hatte ein heute prominenter Künstler: Sönke Wortmann schoss ein Tor im entscheidenden Spiel um den Aufstieg im Mai 1980 am Stimberg.

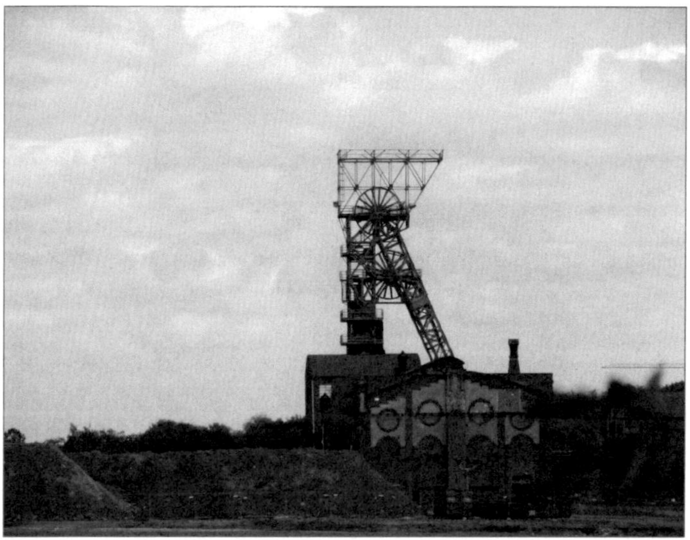

Stillgelegte Zeche Ewald Fortsetzung in Oer-Erkenschwick.

Spielvereinigung Erkenschwick

Das Sommermärchen von Erkenschwick – als Sönke Wortmann die Spielvereinigung in die 2. Liga schoss

„Die Spiele ‚unserer Jungens' von der Spielvereinigung waren Fieberschübe. Fast jeder aus dem Ort war mit den Kickern irgendwie bekannt. Wer Heinz Silvers oder Willi Schimankowitz foulte, trat jedem Besucher aus der Engelbertstraße persönlich vors Bein," schreibt der in Oer-Erkenschwick aufgewachsene Hans Dieter Baroth in seinem wunderbaren Buch *Jungens, euch gehört der Himmel* seine Hommage an die Fußballer der Spielvereinigung in den frühen 1950er-Jahren. In die harten Nachkriegsjahre fiel die erfolgreichste Zeit des Fußballvereins aus der kleinen Ruhrgebietsstadt. Der Großteil der Spieler arbeitete auf der unweit vom Stadion gelegenen Zeche „Ewald Fortsetzung" und unter den Zuschauern befand sich ein sehr großer Teil der Belegschaft. Diese Symbiose zwischen Bergbau und Fußballverein sollte bis zum großen Zechensterben im Ruhrgebiet andauern. Die Erstklassigkeit endete aber bereits im Jahr 1953, als die „Schwicker" als Tabellenletzter in die 2. Liga West abstiegen.

Doch der kleine Verein aus dem nördlichen Ruhrgebiet hielt sich erstaunlich lange in den oberen Ligen des deutschen Fußballs. In den 1950er- bis 1970er-Jahren spielten die in schwarz-rot gekleideten Erkenschwicker immer wieder in der zweiten Liga. In der neugegründeten 2. Bundesliga Nord sorgte der Club von 1974 bis 1976 für großes Aufsehen.

„Zunächst gewannen wir bei Olympia Wilhelmshaven. Danach schlugen wir zu Hause vor einer großen Kulisse Schwarz-Weiß Essen mit 2:1 und standen plötzlich auf dem ersten Tabellenplatz. Ich erinnere mich noch lebhaft an die beiden Spiele", ist der damalige Abwehrspieler Erwin Häming noch heute begeistert. Doch schnell wurden die Aufsteiger auf den Boden der Tatsachen zurück geholt. Am 7. Spieltag verpasste ihnen Hannover 96 im riesigen Niedersachsenstadion eine 7:1-Klatsche. Die BILD-Zeitung bezeichnete die „Schwicker“ am nächsten Tag als „Eisverkäufer aus Erkenschwick“. Doch die „Auswahl von Eisverkäufern“ erholte sich schnell wieder. Im darauffolgenden Heimspiel schickten Häming und Co. die Kölner Fortunen mit 5:2 nach Hause.

„Tolle Eindrücke hinterließen besonders die Spiele gegen Borussia Dortmund“, erinnert sich der heute 58-jährige Erwin Häming. Nach der Weltmeisterschaft 1974 in Deutschland traten die Erkenschwicker zu einem Vorbereitungsspiel im neuen Westfalenstadion an. Nach einer 3:0-Führung für die „Schwicker“ konnte die Mannschaft allerdings eine 3:6-Niederlage nicht verhindern. Im Pflichtspiel gegen Borussia Dortmund in der neuen zweigeteilten 2. Bundesliga im April 1975 trennten sich beide Mannschaften 1:1. Im Stimberg-Stadion verfolgten 16.000 Zuschauer das packende und emotional geführte Revierderby.

Im Rückspiel im Mai 1976 kassierten die Erkenschwicker eine deutliche 0:6-Niederlage im Dortmunder Westfalenstadion. Direkt am nächsten Tag flog die unterlegene Mannschaft der Spielvereinigung zur vorgezogenen Saisonabschlussfahrt für eine Woche nach Gran Canaria, obwohl noch einige Spiele zu absolvieren waren.

In der der Saison 1974/75 traf Abwehrspieler Häming auf einen alten Bekannten. Im Auswärtsspiel auf der Bielefelder Alm stand ihm Jürgen Gelsdorf gegenüber, den er aus der gemeinsamen Zeit in der A-Jugend des MSV Duisburg gut kannte. „Im vollen Stadion erwischten wir gegen die damalige Spitzenmannschaft von Arminia Bielefeld einen richtig guten Tag. Zur Halbzeit stand es 2:2. Einige Minuten nach der Pause passte ich auf meinen Teamkollegen Dieter Walter. Der startete von der Mittellinie einen Wahnsinns-Alleingang und erzielte den Siegtreffer zum 3:2“, schwärmt Passgeber Häming. Der Torschütze und sein Vorlagengeber sind noch heute befreundet. Einmal pro Woche treffen sich beide zum Saunieren. Nicht selten diskutieren sie über die aktuelle Situation der Spielvereinigung, der beide noch verbunden sind. Häming ist noch immer Vereinsmitglied und beide sind gelegentlich im Stadion anzutreffen.

„Seit meinem Wechsel vom MSV Duisburg zur Spielvereinigung im Jahr 1974 lebe ich in der Umgebung von Oer-Erkenschwick. Bis 1980 war ich für den Verein aktiv, ehe mich eine Knieverletzung ereilte, von der ich mich nie wieder recht erholte. Natürlich verfolge ich die Entwicklung des Vereins noch heute", erklärt der ehemalige Abwehrakteur.

Genau wie viele damalige Zuschauer stand Erwin Häming beim Bergwerk Haard in Lohn und Brot, als kaufmännischer Angestellter in der Personalabteilung. „Wir Spieler kannten viele Zuschauer über unser Berufsleben. Zudem lebten wir in der Stadt und der nahen Umgebung. So entstand nach und nach eine enge Bindung zwischen Zuschauern und Mannschaft. Diese Nähe wurde räumlich noch gesteigert, da es die heute obligatorischen Zäune rund um das Spielfeld damals noch nicht gab", unterstreicht der 59-Jährige die familiäre Atmosphäre im Stimberg-Stadion.

Das bestätigt sein bester Freund aus der Zeit als aktiver Fußballer, das „Erkenschwicker Urgestein" Dieter Walter. Seit mehr als 60 Jahren lebt er in der Stadt, arbeitete unter Tage auf der Zeche Ewald Fortsetzung und hat nie für einen anderen Club als die SpVgg gegen das runde Leder getreten. „Einmal hatte ich ein Angebot von Alemannia Aachen für die 1. Bundesliga. Das war finanziell ein echter Wahnsinn. Doch Mitte der 70er-Jahre hatte ich schon eine Familie gegründet, meine Wurzeln waren im Ruhrgebiet und ich blieb der Spielvereinigung treu", resümiert Erkenschwicks Ex-Rechtsaußen trocken. Nach seiner Sportkarriere baute sich Dieter Walter eine Existenz als selbstständiger Versicherungskaufmann auf. Den Beruf übt der 64-Jährige noch heute aus. „Ich denke gerne an die Zweitligazeiten zurück. Besonders dieses enge Verhältnis zum Publikum findet man im heutigen Profifußball wohl fast nirgendwo mehr. In unserem Vereinslokal ‚Hallenbad' fanden wir Spieler uns nach Heimspielen zum gemeinsamen Abendessen ein. Danach ging es vorne ab an den Tresen. Dort warteten schon unsere Anhänger. Oft war das Lokal so voll, das man kaum zur Tür hereinkam. Nach schlechten Leistungen wurden wir auch schon mal angepflaumt. Doch alles ging familiär zu. Wir kannten uns ja gut, und tranken mit unseren Nachbarn, Arbeitskollegen und Bekannten ein Bier", schmunzelt Dieter Walter. Nur ein Aktiver kam damals nicht aus dem Ruhrgebiet. Torwart Meinolf Erken war ein echter „Exot", wuchs er doch in Westerland auf der Nordseeinsel Sylt auf. Seit dieser Zeit haben Dieter Walter und seine Frau Sylt als Urlaubsziel entdeckt. Jedes Jahr im Sommer quartiert sich das Ehepaar im Hotel der Eltern von Meinolf Erken ein.

Genauso vereinstreu wie die beiden Freunde Erwin Häming und Dieter Walter war auch Karl-Heinz Seidenkranz. Fast 700 Spiele bestritt er für die Spielvereinigung, erst als Mittelstürmer, dann im Mittelfeld und schließlich in der Abwehr. Doch die treuen Erkenschwicker Spieler konnten den Abstieg aus der 2. Bundesliga Nord im Jahr 1976 nicht verhindern. Besonders auswärts hatten die schwarz-rot gekleideten „Schwicker" große Schwierigkeiten. In der gesamten Saison 1975/76 konnte die Mannschaft nur einen Auswärtssieg, am vorletzten Spieltag beim Spandauer SV, und fünf Unentschieden erringen. Da half es als Ausrede wohl kaum, dass dem Verein für teure Hotelübernachtungen des Kaders das Geld fehlte. So reiste der Erkenschwicker Tross immer erst am Spieltag mit Bus oder Bahn an. „Zumindest hatte jeder Spieler zwei Sitze. Aber in den Bussen aus den Siebzigern fehlten Kopflehen. Die langen Anreisen nach Wilhelmshaven, Berlin oder Hamburg fielen manchmal doch schon recht schwer", lacht Erwin Häming. Auch sein Mannschaftskollege Karl-Heinz Seidenkranz weiß noch heute um die Reisestrapazen von damals. „Bei besonders weiten Zielen war unser Bus manchmal erst montags morgens um 6 Uhr wieder im Erkenschwick. Kurz danach mussten wir dann wieder auf unserer Arbeitsstelle antreten."

Auch die ernährungsspezifische Vorbereitung hinkte den aktuellen Gepflogenheiten im Profifußball deutlich hinterher. „Ich kann mich an ein Auswärtsspiel bei Tennis Borussia Berlin erinnern. Unser Trainer Loßmann stimmte uns wenige Minuten vor Spielbeginn auf die Partie ein. Volle Konzentration war angesagt. Da klopfte es plötzlich an die Kabinentür. Wenige Sekunden später stand ein kleiner Steppke in der Umkleide und fragte, wer denn von uns eine Bratwurst bestellt habe. Als sich einer unserer Reservespieler meldete, brachen alle in lautes Gelächter aus. Unser Trainer war begeistert", blickt der Abwehrspieler von einst, Erwin Häming, mit einem Augenzwinkern auf die Zeit zurück.

Am Ende der Saison, am 13. Juni 1976, fehlten der SpVgg Erkenschwick zwei Punkte bis zum „rettenden Ufer" eines Nichtabstiegsplatzes. Als 18. von 20 Teams beendeten Häming, Walter, Seidenkranz und Co. vorerst das Kapitel zweite Bundesliga.

Finanziell gestaltete sich das „Abenteuer 2. Liga" für die Aktiven sowieso nur als Nebeneinnahmequelle. Das Grundgehalt betrug zwischen 500 und 800 DM im Monat. Je nach Spielstärke des Gegners kamen 400 bis 500 DM an Siegprämien hinzu.

Ein letztes großes Ausrufezeichen im deutschen Fußball setzte die Spielvereinigung im Jahr 1980. Erwin Häming, immer noch für die SpVgg aktiv, kämpfte um seine Position als Vorstopper. Gegen jemanden, der später einer der populärsten und erfolgreichsten deutschen Filmregisseure werden sollte, Sönke Wortmann. „Während meiner gesamten Karriere habe ich von meinem Ehrgeiz gelebt", gibt der 59-jährige Häming zu. Sein sechs Jahre jüngerer ehemaliger Teamkollege und heutiger „Star-Regisseur" Wortmann bezeichnet sich ebenfalls nicht als einen direkten Vorgänger von Lionel Messi. „Mein Spiel war eher statisch angelegt. Meine Stärken lagen klar in der Defensive", erinnert sich der Filmregisseur.

Davon spürten jedoch die etwa 6.000 Besucher im Erkenschwicker Stimberg-Stadion am 18.5.1980 nichts. Die Mannschaft hatte eine tolle Saison gespielt. Bis kurz vor Ende der Spielzeit konnten die Erkenschwicker den ersten Tabellenplatz halten. Am letzten Spieltag der Oberliga Westfalen schoss Wortmann das vorentscheidende 1:0 gegen den Bünder SV, der letztlich mit 3:0 besiegt werden konnte. Damit blieben die „Schwicker" Tabellenführer der Oberliga Westfalen und stiegen in die 2. Liga auf. Direkt nach dem Abpfiff des Spiels übersäten hunderte Anhänger vor Begeisterung den Stadionrasen. Leider stieg die SpVgg als Vorletzter nur ein Jahr später wieder ab. Es sollte der vorerst letzte Auftritt in der 2. Bundesliga bleiben.

Den Weg in die Zweitklassigkeit ging damals auch Hans-Jürgen Wittkamp mit. Der heute 65-jährige stieß im Jahr 1978 zu den Erkenschwickern und hatte zuvor mit der legendären „Fohlenelf" von Borussia Mönchengladbach dreimal die Deutsche Meisterschaft errungen, gewann 1973 den DFB-Pokal und 1975 den UEFA-Pokal. „Bis 1981 gehörte ich der Spielvereinigung an. Es war ein wunderbarer Ausklang meiner Karriere. Wir Spieler standen nicht unter einem so enormen Leistungsdruck wie ich zuvor in Gladbach. Zudem genoss ich das familiäre und harmonische Umfeld in Erkenschwick", fasst Wittkamp seine damalige Lage zusammen. Möglich gemacht hatte den Transfer der „Vereinsboss" Anton Stark, der hauptberuflich als Direktor des Bergwerks Haard in Oer-Erkenschwick fungierte. „Die gute Beziehung zu Anton Stark und das seriöse Umfeld veranlassten mich dazu, später bei der SpVgg Erkenschwick das Traineramt zu übernehmen", erklärt Hans-Jürgen Wittkamp, der heute seinen Ruhestand genießt und mehrere Monate im Jahr auf Mallorca verweilt.

Die sportlichen Berg- und Talfahrten der SpVgg Erkenschwick setzten sich bis heute fort. 1987 feierte die Elf von Trainer Dieter Tartemann die Westfalenmeisterschaft. Damit stand die Qualifikationsrunde zur 2. Bundesliga an. „Ich erinnere mich noch genau an den Sommer 1987. Es war meine bisher aufregendste Zeit als Anhänger der Spielvereinigung", blickt Andre Oberlin etwas wehmütig in die Vergangenheit zurück. In der Aufstiegsrunde hatten sich die „Schwicker“ mit dem BV Lüttringhausen Remscheid, dem SV Meppen, Arminia Hannover und Hertha BSC Berlin auseinanderzusetzen. Vollmundig polterte Hertha-Trainer Jürgen Sundermann, man dürfe auf dem Weg in den Profifußball jetzt nicht über die Dorfvereine stolpern. „Dorfverein“ Erkenschwick erkämpfte sich ein 0:0 im Berliner Olympiastadion, und konnte wenig später das Rückspiel gar mit 2:1 gegen den großen Favoriten gewinnen. Damit verhinderten die Ruhrgebietsstädter den Aufstieg der Hertha. Erkenschwicks Präsident Anton Stark konterte auf der Pressekonferenz Sundermanns Nadelstich und wünschte den Berlinern eine schöne Rückreise zurück in ihr Dorf. „Am Ende stiegen zwar auch wir nicht auf, aber wir hatten einem Traditionsverein ein Bein gestellt“, erinnert sich Andre Oberlin, der schon Mitte der 1970er-Jahre mit seinem Vater die Spiele am Stimberg verfolgte, heute sowohl Fanbeauftragter des Vereins ist, dem Vorstand angehört als auch einem der vier Fanclubs der Spielvereinigung vorsteht.

Vor vier Jahren konnten die Vereinsverantwortlichen eine Insolvenz abwenden. Der Traditionsverein war gerettet. „Jetzt heißt es erstmal keine Risiken einzugehen und verstärkt auf die eigene Jugend zu setzen“, gibt Vorstandsmitglied Oberlin, der als Garten- und Landschaftbauer tätig ist, die Zielrichtung für die Zukunft vor. In der Saison 2011/2012 errangen die Erkenschwicker den Aufstieg aus der sechstklassigen Westfalenliga in die Oberliga Westfalen. Der Verein lebt. Das Spitzenspiel gegen die SG Wattenscheid 09 verfolgten im Frühjahr 2012 etwa 1.200 Zuschauer. Ein treuer Kern an Anhängern begleitet die Mannschaft zu Auswärtsspielen. Es ist nicht auszuschließen, dass die Spielvereinigung bald wieder für „Spiele wie Fieberschübe“ sorgen wird, so wie in den 1950er- bis 1980er-Jahren.

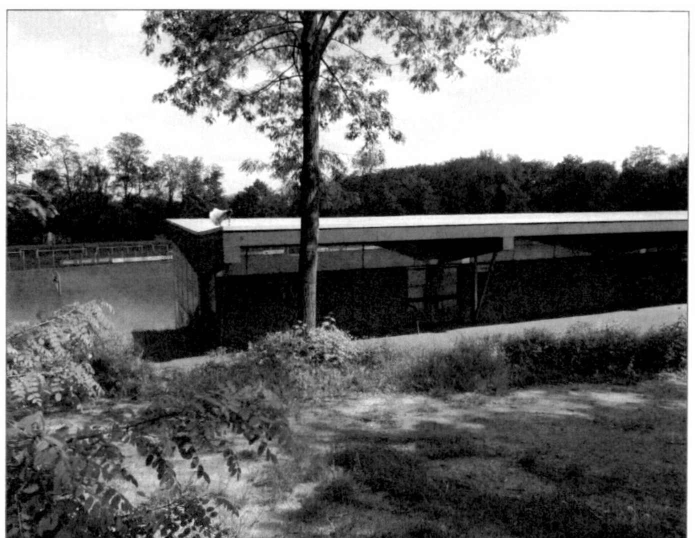

Idyllisch gelegen: Das Stimberg-Stadion in Erkenschwick.

Interview mit Sönke Wortmann

Filmregisseur Sönke Wortmann erinnert sich an sein Tor zum Aufstieg in die 2. Bundesliga

Sönke Wortmann feierte als Regisseur mit Filmen wie Kleine Haie, Der bewegte Mann oder Deutschland. Ein Sommermärchen große Erfolge. Heute gilt er als einer der bekanntesten deutschen Filmschaffenden. Vielen Kulturinteressierten dürfte jedoch unbekannt sein, dass der gebürtige Marler zu Beginn der 1980er-Jahre kurz vor dem Sprung in den Profifußball stand. Er erzielte am letzten Spieltag der Saison 1979/80 für die SpVgg Erkenschwick ein entscheidendes Tor zum Aufstieg in die 2. Bundesliga. Danach wechselte er zu Westfalia Herne, ehe er 1983 ein Studium an der Hochschule für Fernsehen und Film in München aufnahm. Sönke Wortmann ist verheiratet, hat drei Kinder und leitet eine eigene Produktionsfirma in Köln.

Herr Wortmann, erinnern Sie sich an den 18. Mai 1980?
Nein, so spontan nicht. Klären Sie mich auf.

Sie legten mit ihrem 1:0-Führungstor gegen den Bünder SV den Grundstein für den Aufstieg der SpVgg Erkenschwick in die 2. Bundesliga Nord.
Ja, daran erinnere ich mich natürlich gern. Meine Position lag in der Defensive und meine Spielweise würde man heute als eher statisch bezeichnen. Es war mein erstes Tor in der gesamten Saison, und dann direkt ein so wichtiges. Es herrschte eine tolle Atmosphäre im Stadion am Stimberg. Dieses wichtige Spiel wird mir immer und ewig im Gedächtnis bleiben. Wenn ich heute zurückblicke, war meine Zeit in Erkenschwick eine sehr besondere Erfahrung. Wir spielten immerhin in der dritthöchsten Liga. Doch sagen Sie, ich stutze gerade etwas, fand das Spiel wirklich am 18. Mai statt?

Ja, warum?
Ich habe genau 22 Jahre später geheiratet. Jetzt wird mein Hochzeitstag noch von diesem tollen persönlichen sportlichen Erfolg begleitet. Das ist wirklich sehr schön.

Liegt Ihnen die SpVgg heute noch am Herzen?
Sicher. Ich bin begeisterter „Videotexter". Ich steuere an jedem Spieltag die Videotextseite 238 des WDR an. Dort informiere ich mich über das Ergebnis und den aktuellen Tabellenstand der SpVgg Erkenschwick. Im Übrigen gilt mein besonderes Augenmerk auch Fortuna Köln. Die zweite Recherche im Videotext gilt diesem Club.

Das liegt nahe. Sie engagierten sich stark für die Aktion „deinfußballclub.de". Dort unterstützen knapp 10.000 Mitglieder den SC Fortuna Köln mit knapp 40 Euro im Jahr und können dafür in der Vereinspolitik mitmischen. Halten Sie dieses Konzept auch für übertragbar auf andere Vereine?
Ich halte dies für überhaupt nicht übertragbar. Seit Anfang dieses Jahres wurde das Projekt eingestellt. Fortuna Köln spielt zurzeit in der Regionalliga West. Das bedeutet immerhin die vierthöchste Spielklasse. Den direkten Einfluss der Unterstützer auf Personalfragen oder Taktik zu gewährleisten wird mit jedem Aufstieg schwieriger. Durch die Berücksichtigung mehrerer tausend Menschen, die die Geschäfte des Vereins beeinflussen möchten, ergeben sich in den höheren Ligen enorme Wettbewerbsnachteile. In einigen Entscheidungen blockiert sich der Verein selbst. Doch immerhin hat dieses Projekt dazu beigetragen, dass wir von der sechsten in die vierte Liga aufgestiegen sind.

Sie scheinen dem Fußball noch immer sehr verbunden zu sein. Erkennen Sie Besonderheiten, wenn Sie auf die Vereine im Ruhrgebiet schauen?
Es gibt im Ruhrgebiet viele Traditionsvereine mit einem treuen und tollen Publikum. Doch ich würde die Attraktivität von Fuß-

ballclubs nicht von der Region abhängig machen. Es kommt auf den Verein und seine Fans an. Ich schaue mir beispielsweise ab und zu Spiele von Fortuna Düsseldorf an. Dort ist es im Stadion oft auch laut und atmosphärisch. Ebenso sieht es in Gladbach aus. Von einer Glorifizierung des Fußballs im Ruhrgebiet würde ich absehen, wenngleich viele Vereine und deren Anhänger etwas sehr Besonderes sind.

Bildnachweis

Soweit nicht anders angegeben, stammen die Fotos von Klaus-Hendrik Mester.

Dank

Über 50 Menschen verschiedener Couleur haben mir ihre persönlichen Erlebnisse für dieses Buch geschildert. Für ihre sympathische Art und die offenen Gespräche danke ich ganz herzlich. Es war mir eine riesige Freude zuzuhören, Fragen zu stellen, und mit ihnen zu diskutieren.

Thorsten Langenbahn unterstützte mich mit hilfreichen, wohlwollenden Anregungen und Tipps eines Profi-Journalisten. Danke Langi! Über die spontane Hilfsbereitschaft von Marcel Mlaker, Christoph Wollny und Michael Wucherpfennig habe ich mich sehr gefreut.

Michael Förster und Rudolf Weida von der „Deutschen Stadionansichtskarten Sammlervereinigung“ (DSS) standen mir mit Rat und Tat zur Seite.

Stefan Barta führte mich in die Welt des Verlagswesens ein und gab wertvolle Hinweise.

Thorsten Schmelz übernahm eine zentrale Rolle bei der Vermarktung des Buches.

Bedanken möchte ich mich bei Christian Becker, der dieses Projekt letztlich ermöglichte und mich stets in meinem Tun bekräftigte.

Ein besonderer Dank gilt meinen Eltern, die Korrektur lasen und mich immer wieder ermutigt haben.

Schließlich hat meine Frau Christiane das Projekt mitgetragen, gelesen, gefahren, geknipst, allseits unterstützt.

Zum Autor

Klaus-Hendrik Mester wurde 1973 in Unna geboren. Mit seinem Vater erlebte er 1982 sein erstes Bundesligaspiel im Dortmunder Westfalenstadion und ist seit früher Kindheit Anhänger der rheinischen Borussia. Der promovierte Volkswirt lebt in Düsseldorf und erfüllt sich mit der Veröffentlichung dieses Buches einen lang gehegten Wunsch.